莱布尼茨与现象学

Leibniz and Phenomenology

莱布尼茨直觉理论研究

A Study of Leibniz's Intuition Theory

桑靖宇 ／ 著

中国社会科学出版社

图书在版编目（CIP）数据

莱布尼茨与现象学：莱布尼茨直觉理论研究/桑靖宇著 .
北京：中国社会科学出版社，2009.3
ISBN 978-7-5004-7624-5

Ⅰ. 莱…　Ⅱ. 桑…　Ⅲ. 莱布尼茨，G. W.（1646～1716）—
直觉—现象学—研究　Ⅳ. B516.22

中国版本图书馆 CIP 数据核字（2009）第 022754 号

策划编辑　陈　彪
责任编辑　喻　苗
责任校对　王雪梅
封面设计　李尘工作室
版式设计　戴　宽

出版发行　中国社会科学出版社
社　　址　北京鼓楼西大街甲 158 号　　邮　编　100720
电　　话　010—84029450（邮购）
网　　址　http://www.csspw.cn
经　　销　新华书店
印　　刷　金瀑印刷有限公司　　　　装　订　广增装订厂
版　　次　2009 年 3 月第 1 版　　　　印　次　2009 年 3 月第 1 次印刷
开　　本　880×1230　1/32
印　　张　10.25　　　　　　　　　　插　页　2
字　　数　190 千字
定　　价　26.00 元

目　录

序

段德智

一

在人类思想史上，莱布尼茨是一位智商和能力极高的学者。狄德罗在其主编的《百科全书》"莱布尼茨主义"条目中当谈到其智商和才能时，曾不无激情地说到："当一个人考虑到自己并把自己的才能和莱布尼茨的才能来作比较时，就会弄到恨不得把书都丢了，去找个世界上比较偏僻的角落藏起来以便安静地死去。"罗素虽说对莱布尼茨的人格持有异议，但还是不止一次地称赞莱布尼茨是"千古绝伦的大智者"。[①] 至于马克思，作为一位无产阶级的思想领袖，虽然一向对资产阶级思想家持激烈批评的态度，但在谈到莱布尼茨时，他却还

---

① 罗素：《西方哲学史》下卷，马元德译，商务印书馆 1981 年版，第 106 页。

是由衷地写道:"我是佩服莱布尼茨的。"①

正是凭借自身拥有这样一种惊人的高智商和高能力,也正是由于其对自己的智商和能力的高度自信,莱布尼茨从青年时代起,就雄心勃勃、无所顾忌地向他自己时代的在他看来重要的科学研究领域全线出击和全线推进,并且在其中的相当一部分领域都取得了让人拍板称奇的优异成就。在数学和自然科学领域,莱布尼茨的智商和才能首先就体现在微积分的发明上。微积分,作为一种"撼人心灵的智力奋斗的结晶",是"人类思维的伟大成果之一"(R. 柯朗语),至少对于莱布尼茨所在的时代,是数学的最高成就,是人类智力的最高标杆。然而,莱布尼茨这个年仅 30 岁的法学博士,于 1672—1676 年旅居法国巴黎四年时间内,在公务在身的情况下(虽然他并未为公务付出太多的精力和时间),竟独立发明了微积分。尽管由于牛顿在当时数学和自然科学领域的强势影响导致此后在莱布尼茨和牛顿及其门徒之间出现了微积分的"发明权之争",但是,历史还是公允地宣布:莱布尼茨是微积分的一个独立的发明者。② 而且,如果从微积分的运算符号和记法的角度看问题,莱布尼

① 马克思:"致恩格斯的信",《马克思恩格斯全集》第 32 卷,人民出版社 1975 年版,第 489 页。

② W. C. 丹皮尔:《科学史及其与哲学和宗教的关系》上册,李珩译,张今校,商务印书馆 1989 年版,第 233 页。

茨对后世的影响远远超过牛顿。一个文科博士和一个哲学家这样短的时间内在数学领域内竟能取得如此惊人的成就，即使我们不能担保这是一起空前绝后的文化事件，但是依据迄今为止的人类思想史，我们还是可以毫不犹豫地断定：无论如何这也是人类思想史上一桩非常罕见的事件。不仅如此，莱布尼茨在自然科学的其他领域，如物理学、化学和气象学等，也有所发现、有所发明。他所设计制造的计算机，即使今天看来，也令人叹为观止。莱布尼茨在人文科学和社会科学的许多领域，如逻辑学、历史学、法学、经济学（社会保险）、宗教学、医药学、语言与符号理论、图书馆学，也都做出了许多贡献，并对后世产生了巨大影响。例如，当代著名的逻辑学家罗素在谈到莱布尼茨在数理逻辑领域的成就时，曾不无肯定地指出："他对数理逻辑有研究，其研究成果他当初假使发表了，会重要之至；那么，他就会成为数理逻辑的始祖，而这门科学也就比实际上提早一个半世纪问世。"[①] 他的《中国近事》（Das Neueste über China）在很长一段时间里一直是欧洲人了解中国文化的一个重要窗口。他的社会保险思想也影响深远。至 21 世纪，德国的爱伯哈德·克诺布劳赫（Eberhard Knobloch）、西班牙的玛丽寿腊·德·墨辣（Marisol de Mo-

---

① 罗素：《西方哲学史》下卷，马元德译，商务印书馆 1981 年版，第 119 页。

ra）、法国的让－马赫·豪尔巴塞（Jean-Marc Rohrbass-er）等依然在系统、深入地研究莱布尼茨的社会保险思想，特别是他的养老保险思想，以便从中获得为当代保险思想和当代保险事业所必需的精神资粮。正因为如此，当年腓特烈大帝曾高度称赞莱布尼茨这位柏林科学院的第一任院长，说莱布尼茨"本人就是一所科学院"。人们常常把亚里士多德称作古代西方百科全书式的思想家。如果在近代西方还有一个人能够配得上百科全书式的思想家这样一个称号的话，这个称号就非莱布尼茨莫属了。

莱布尼茨的智商、才能和雄心在哲学领域也发挥得淋漓尽致。许多当代哲学家把当代哲学思潮划分为两大阵营或两大领域，即分析—科学哲学和人本主义哲学。但是，如果我们稍加留意的话，我们就会发现，无论是在分析—科学哲学思潮方面还是在人本主义哲学思潮方面，都有莱布尼茨的身影。毫无疑问，莱布尼茨不仅以他的主谓词逻辑、可能世界学说以及他的普遍字符思想，对包括罗素的摹状词理论和逻辑原子主义、维特根斯坦的图像论、卡尔纳普的逻辑句法理论和物理语言思想、斯特劳森的"描述的形而上学"、蒯因的"本体论的承诺"以及 D. 刘易斯、克里普克和亚当斯的"可能世界"学说在内的现当代分析—科学哲学，产生了多重的影响。然而，莱布尼茨同样也对现当代人本主义哲学思潮产生了广泛而持久的影响。叔本华这个现代西方人本主义哲学的开山祖师，这个现代意志主义的奠基人，显然是与莱布尼茨有着直接的理论联系的。虽然与莱布尼茨不同，他极力强调只有超出充足理由律才能达到真正的本体，但是无论如何，他的整个生命意志哲学还是以充足理由律为前提和基础构建起来的，而且他也正是藉着充足理由律的第四重根，亦即他的行为和动机理论这个通道，达到意志本体的，这与莱布尼茨藉着单子的本质规定性"欲求"走向"存在者的存在"的哲学路线也是一脉相承的。至于胡塞尔和海德格尔，更是明确地把莱布尼茨理解成自己的理论先驱。胡塞尔声称：莱布尼茨"在近代是第一个……认识了观念便是在特有的观念直观中自身被给予的统一性的人"。① 海德格尔则进而明确地把莱布尼茨的单子论界定为"意在说明存在者之存在"的学说。② 罗素在谈到莱布尼茨哲学对于现当代西方哲学的重大影响时，曾经由衷地感叹道："莱布尼茨毕竟是个大人物，他的伟大现在看起来比以往任何时代都明显。"③ 由此看来，罗素的这个评论的确是不无道理的。

---

① 胡塞尔：《胡塞尔选集》，倪梁康编选，上海三联书店1997年版，第1174页。

② 海德格尔：《路标》，孙周兴译，商务印书馆2000年版，第89页。

③ 罗素：《西方哲学史》下卷，马元德译，商务印书馆1981年版，第124页。

　　黑格尔在讨论"哲学史的意义"时，曾经深刻地指出："如果我们要想把握哲学史的中心意义，我们必须在似乎过去了的哲学与哲学所达到的现阶段之间的本质上的联系里去寻求。"① 如果从这样一种理论视角看问题，我们就能够顺理成章地得出结论说：从莱布尼茨的哲学与现当代哲学的"联系"中，从现当代哲学的高度，来"寻求"和阐释莱布尼茨哲学的"意义"，不仅是一件必要的事情，而且也是一件不能不做的事情。因为离开了这种"联系"或"视阈融合"，我们就不仅不能发现莱布尼茨哲学的"意义"，而且也不足以充分理解现当代哲学的"意义"，更不足以担当一个哲学家应当承担起来的推进所在时代的哲学不断向前运行的历史使命。然而，当我们从现当代哲学的高度来审视莱布尼茨的哲学时，我们看到，过去时代的莱布尼茨专家们大都犯下了一个共同的错误，这就是：他们比较注重从狭隘的理性主义的立场，从主谓词逻辑的立场，从分析—科学哲学的立场来理解和阐释莱布尼茨，而对其哲学的另一个层面，亦即莱布尼茨的存在逻辑、生存逻辑或"形而上学的逻辑"（海德格尔语）却并未给予应有的重视，致使莱布尼茨在许多相关著作中常常以"侧身像"（以其主谓词逻辑的侧面面向读者）的形象出现在读者

---

　　① 黑格尔：《哲学史讲演录》第 1 卷，贺麟、王太庆译，商务印书馆 1981 年版，第 7 页。

面前。对莱布尼茨哲学的比较系统、比较深入的研究始于 19 世纪。为简明计，我们不妨将其划分为两个阶段：这就是从 19 世纪中叶开始至 20 世纪初结束的第一个阶段以及从 20 世纪初开始直至当今时代的第二个阶段。如果说在第一个阶段，其主要解释方式是唯心主义—形而上学的，那么至第二个阶段，事情便发生了根本性的变化。这就是以莱布尼茨的主谓词逻辑为主要研究对象，并力图以莱布尼茨的主谓词逻辑来构建和解释其整个哲学体系。20 世纪初期，曾先后出版过三部研究莱布尼茨哲学的著作，这就是 1900 年出版的罗伯特·罗素的《对莱布尼茨哲学的批评性解释》，1901 年出版的路易·库图拉特的《莱布尼茨逻辑学》以及 1903 年出版的恩斯特·卡西勒的《莱布尼茨哲学体系》。这三部著作差不多奠定和规范了整个 20 世纪国际莱布尼茨研究的基本走势。至 20 世纪末，事情虽然发生了一些变化，但是这种状况并没有得到根本的改观。而为了要扭转这种局面，为了还莱布尼茨哲学的本来面目，为了将莱布尼茨哲学的"正面像"呈现给读者，为了充分地昭示莱布尼茨哲学的学术意义和理论价值，我们就必须将眼光投放到他的哲学的另一面，即他的存在逻辑、生存逻辑或"形而上学的逻辑"。现在，是我们在莱布尼茨研究中实践"目光转换"的时候了。

二

然而，从近代哲学史与现当代哲学史的历史关联中，全面、系统、深入地阐述莱布尼茨的存在逻辑、生存逻辑或"形而上学的逻辑"并非是一件轻松的事情，也不是一两个人经过一段努力就可以成就的事情。饭要一口一口地吃，事情要一件一件地去做。不过，无论如何，从莱布尼茨的直觉理论入手，从莱布尼茨的直觉理论与现当代现象学运动的关系入手，来阐释莱布尼茨的哲学思想，无疑是一个不错的选择。

从莱布尼茨的直觉理论与现象学运动的关系入手来阐释莱布尼茨的哲学思想之所以是个不错的选择，首先就在于直觉理论对于当代现象学运动的元方法论意义，对于整个现当代西方存在哲学的元方法论意义。直觉理论对于现象学运动的意义自不待言。当年，张君劢曾用"在直观（schau）而已"这五个字来概括胡塞尔的现象学方法论，这是很有眼力的。① 因为，胡塞尔自己在《现象学的观念》中就曾用"知性要尽可能少，但直观要尽可能纯［无知性的直观（intuitio sine comprehensio-

----

① 杜里舒（Hans Driesch）:《爱因斯坦氏相对论及其批评》，张君劢译，商务印书馆 1924 年版，张君劢"序"，第 17 页。

ne)]"这句话来概述自己的现象学方法论。① 直觉理论
对于整个现当代西方存在哲学的元方法论意义也十分重
大、十分明显。众所周知，就哲学思维范式而言，近代
西方哲学的一个最显著不过的特征即在于它之从本体论
向认识论范式的转换。在古代希腊，无论是泰勒斯和巴
门尼德的哲学，还是德谟克利特、柏拉图和亚里士多德
的哲学，都是以本体论为基础和中心的，离开了他们的
"始基观"、"存在观"、"原子论"、"理念论"和"形而
上学"，他们的哲学就根本得不到恰当的理解。然而，
到了近代，情况发生了根本的变化。认识论取代本体论
成为哲学的基础问题和中心问题。哲学要么采取理性主
义认识论的形态，要么采取经验主义认识论的形态；然
而，无论在何种情况下，认识论或人的思维（对于大陆
理性主义）或感觉（对于英国经验主义），获得了空前
崇高的地位：非但不再是由本体论派生出来的东西，反
而成了本体论的最后法庭。但是，在现当代哲学中，这
种情况又发生了根本变化：随着人的主体概念的中心内
容由认知主体向生存主体的转变，随着科学主义的失势
和人本主义哲学的兴起，本体论重新取代认识论，成了
哲学的基础问题和中心问题。例如，在叔本华那里，作
为"本体论"对象的"意志世界"取代作为"认识论"

---

① 胡塞尔：《现象学的观念》，倪梁康译，夏继松、张继武校，上海
译文出版社 1986 年版，第 55 页。

对象的"表象世界"成了他的"生存意志论"的基础内容和中心内容；在尼采那里，作为"本体论"的"强力意志说"成了他的"超人"学说的基本支柱；在海德格尔那里，作为"本体论"之"根"的"存在"及其基本情绪"烦"取代作为认识论对象的"在者"以及与之相关的认识论模式成为哲学的基本对象；而萨特则坚持用"反思前的我思"取代笛卡尔的"我思"，呼吁"放弃""认识的至上性"："一个被认识的绝对不再是绝对"。① 然而，问题在于：近代西方哲学以及现当代西方分析—科学哲学之所以将他们的研究论域主要局限于认识论，局限在作为认识对象的现象界，其根本症结在于我们作为认知主体何以能够达到作为认知对象的"物自体"。用胡塞尔的话来说，就是我们的理智何以能够"切中自在之物"。② 很显然，西方近代哲学家之所以不能很好地解决这个问题，其原因固然有很多，但是，在笔者看来，如果从哲学方法论的角度看问题，最根本的就在于他们没有找到一种合宜的哲学方法，这就是直觉主义的方法或本质直观的方法。叔本华曾经嘲笑过前此的西方哲学家，说他们只停留在"表象世界"而从未达

---

① 萨特：《存在与虚无》，陈宣良等译，三联书店1987年版，第14页。

② 胡塞尔：《现象学的观念》，倪梁康译，上海译文出版社1986年版，第23页。

到过"本体世界",其所以如此,并不是因为他们不想达到"本体世界",而是他们缺乏方法,找不到达到"本体世界"的"入口":"这就好比一个人枉自绕着一座王宫走而寻不到进去的入口,只落得边走边把各面宫墙素描一番。"① 在叔本华看来,这一达到或"进入""本体世界"的"入口"或"通道"不是别的,正是直觉主义或理智直观。毋庸讳言,前此的西方哲学家并非完全不讲"直觉"。笛卡尔的"我思故我在"的哲学公式和他的天赋观念学说中就内蕴有直觉的成分,斯宾诺莎更是把直觉知识视为第一等级的知识,而康德也说过"思维无内容是空的,直观无概念是盲的"名言。但是,所有这些哲学家所讲的不是"形式的直觉"(如笛卡尔和斯宾诺莎),就是"感性的直观"(如康德),与胡塞尔的"直观"(从而与莱布尼茨所说的"直观")根本就不是一回事。既然如此,则从莱布尼茨的直觉理论与现象学的关系入手,阐述近代以来的西方哲学从认识论向本体论的转变,阐述现象学和现当代西方存在哲学的方法论基础和本质特征,就是一件势在必行且益处多多的事情了。

从莱布尼茨的直觉理论与现象学运动的关系入手来阐释莱布尼茨的哲学思想之所以是个不错的选择,还在

---

① 叔本华:《作为表象和意志的世界》,石冲白译,杨一之校,商务印书馆1982年版,第150页。

于惟其如此，才能够卓越地阐释莱布尼茨的存在逻辑。毋庸讳言，在莱布尼茨的哲学体系中，确实明显地存在有主谓词逻辑，一种关于必然真理的逻辑，一种关于事物本质的逻辑，一种以矛盾律或同一律为原则的逻辑，但是，在莱布尼茨的哲学体系中，也同样明显不过地存在有一种关于存在的逻辑，关于偶然真理的逻辑，关于事物存在的逻辑，一种以充足理由律为原则的逻辑，如果套用海德格尔的话来说，便是在莱布尼茨的哲学体系中存在有一种"关于真实存在者的存在"的逻辑。正因为如此，莱布尼茨强调指出："我们的推理是建立在两个大原则上"，这就是"矛盾原则"和"充足理由原则"。其中前者涉及的是"概念"的真假，而后者涉及的则是事物的"真实"或"实在"。而与此相对应的有两种真理，这就是"推理的真理"和"事实的真理"，前者涉及的是"观念的联系"，而后者所涉及的则是"宇宙中的各个事物之间的联系"。推理虽然要依据一定的原则方可进行，但是，构成推理原则的东西，即矛盾原则和充足理由原则则是不可能推证出来的。不仅如此，这两种推理也都必须以一种"不可定义"的不可能经推证得来的一些最原始、最根本的东西为前提。例如，推理的真理必须以"不可定义"的不可能经推证得来的"单纯的观念（des idées simples）"或"原始的真理（verités primitives）"为前提，而事实的真理则必须以

"不可定义"的不可能经推证得来的"必然存在的存在
（l'Existence de l'Etre necessaire）"为前提。[①] 这样，无
论是为推理的真理所必须的"单纯的观念"或"原始的
真理"，还是为事实的真理所必须的"必然存在的存
在"，都是我们舍弃直觉万万不可能获得的。所不同的
只是，我们是藉"形式的直觉"来获得为推理的真理所
必须的"单纯的观念"或"原始的真理"，而藉"实质
的直觉"来达到为事实的真理所必须的"必然存在的存
在"的。尽管莱布尼茨在阐释"形式的直觉"方面也成
就卓著（例如，他的"普遍文字"和"综合科学"的设
想至今还令许多思想家激动不已），但是，他在西方直
觉学说史上做出创造性贡献的还是他独立提出并阐释的
"实质的直觉"学说。可以说，离开了他的"实质的直
觉"理论，我们就根本无从理解和阐释莱布尼茨的存在
逻辑，莱布尼茨在西方哲学史上就不可能超出笛卡尔和
斯宾诺莎许多。

也正是由于莱布尼茨坚持用实质直觉作为其哲学构
建的元方法，所以，在哲学体系的构建方面也就采取了
与传统理性主义迥然有别的路线。如所周知，笛卡尔是
从"我思故我在"出发论证物质世界的存在的，而斯宾
诺莎也是从上帝这一唯一实体出发来阐述作为实体属性

---

① 莱布尼茨：《单子论》第 31—38、44 节。

和样式的物质事物的。与他们相反，莱布尼茨则坚持从直觉出发构建其本体论哲学。构成莱布尼茨哲学出发点的，既非笛卡尔的"我思"或"思我"，也非斯宾诺莎的作为唯一普遍实体的"上帝"，而是现实存在的物质事物或这个那个物体，是现实存在的"在者"。而他的"在"或"必然存在的存在"也正是从这些现实的"在"中直觉出来的。莱布尼茨把现实存在的这个那个物体称作"次级物质"，以区别笛卡尔的抽象的物质概念。在莱布尼茨看来，笛卡尔所说的那种物质，其实并非现实存在的个体事物，而只是一种为理智所把捉的抽象概念，他称之为"初级物质"。而作为个体事物的"次级物质"区别于笛卡尔的"初级物质"的地方，最根本的就在于它是一种复合物，一种有广延性和"隐得来希"或"灵魂"构成的东西。这就是说，在莱布尼茨看来，作为个体事物的"次级物质"不仅仅具有广延性，而且还内蕴有一种"隐得来希"或灵魂。他的这样一个结论显然是由对运动变化的物质事物的直观中得到的。我们知道，无论是笛卡尔还是斯宾诺莎，都是持守"物质即广延"这样一个物理学公式的。莱布尼茨并没有就此止步，他进而追问：倘若事情果真如此，"次级物质"或物体何以能够运动和变化？正是基于这样的直观和感悟，莱布尼茨提出了新的物体结构理论，即任何一个物体，不管它是如何的小，其中都有一个作为该物体的"力的中心"的被称作"单子"的"隐得来希"
或"灵魂"。具体地讲，就是任何一个物体都内蕴有一
种"知觉能力"和"欲望能力"。而物体的任何运动或
变化，归根到底也都是以这种内在的"知觉能力"和
"欲望能力"为根本动因的。而物体内蕴的这样一种
"知觉能力"或"欲望能力"，不是别的，正是现实存在
的作为"在者"的个体事物（个体的人）的"存在"。①
这里需要强调指出的是，莱布尼茨这里所说的"知觉"
或"欲望"并不仅仅是一种通常意义上的"能力"，而
是一种现实的"活动"，或者说，是一种现实的"活动
的力"，是一种生机勃勃的面向更加完善的"真"、
"善"、"美"而在的东西。动力学始终是莱布尼茨单子
论或物质观中最内在、最本质的内容。莱布尼茨的动力
学就其深层内容讲，与胡塞尔的"意向性"学说是十分
接近的。这就是说，在莱布尼茨的哲学体系里，"直觉"
始终扮演着两个角色，即一方面它扮演着认识论或方法
论的角色，另一方面它又扮演着本体论的角色。莱布尼
茨和笛卡尔一样，也讲"思"；但是，与笛卡尔将"思"
的对象仅仅局限于"思"或"我"本身不同，而是还将
"非思"或"非我"规定为"思"的对象。这是因为在

---

① 段德智：《试论莱布尼茨的现象主义与单子主义的内在关联——
对国际莱布尼茨研究中一个重大问题的回应》，《哲学研究》2002 年第 9
期，第 26—27 页。

莱布尼茨看来，我们的"思"总是要"有所思"，而且我们"所思"的对象总是"不同"的：我们总是"有时""想着 A"，"有时"又"想着 B"。① 同时，我们所思的这些对象，作为一种目的因（作为"中间因"的目的因），总是我们知觉变化的这样那样的终点。而物体或单子的这样一种面向目的因而在的存在过程，从一个意义上讲，是一个不断地将自身的欲望实现出来的过程，而从另一个层面上看，则又是一个不断构建意欲对象的过程，如果套用现象学的术语，我们则可以说这实际上也是一个不断"立义"的过程，如果套用海德格尔的话，我们则可以说我们这里所强调和阐述的正是海德格尔所说的"能在"。这样看来，胡塞尔和海德格尔把莱布尼茨视为自己的理论先驱绝对不是一个偶然的事件。

　　我们说从莱布尼茨的直觉理论与现象学运动的关系入手来阐释莱布尼茨的哲学思想之所以是个不错的选择的第三个理由在于：惟其如此，才能够卓越地阐释莱布尼茨的生存逻辑。莱布尼茨的哲学体系中不仅内蕴有存在的逻辑，即海德格尔所说的"一般的本体论"，② 而且

---

　　① 莱布尼茨：《人类理智新论》下册，陈修斋译，商务印书馆 1982 年版，第 418 页。

　　② 海德格尔：《逻辑学的形而上学基础》，米歇尔·海姆译，印第安纳大学出版社 1984 年版，第 88 页。

内蕴有生存的逻辑，还内蕴有一种"特殊的本体论"，亦即一种基于其直觉理论的道德哲学或伦理学。如所周知，道德哲学或伦理学一直是近代西方理性主义哲学的一项重要内容。笛卡尔晚期的主要著作，其题目即为《论心灵的各种情感》（1648 年）。至于斯宾诺莎，其代表作的题目即为《伦理学》。但是，由于这些哲学家对于理性演绎逻辑的偏执，道德哲学或伦理学，从本质上讲，始终处于边缘的地位。这种情况在笛卡尔那里尤为突出。按照笛卡尔自己对其新哲学体系的刻画，如果其"新哲学"是一棵树的话，"形而上学"则为其"树根"，"物理学"则为其"树干"，而"道德哲学"或"伦理学"则为其"树枝"。斯宾诺莎虽然将其代表作称作《伦理学》，但是，就其内容看，则是与笛卡尔的思路无异，因为他也是从"形而上学"即他所谓的"实体"或"神"的高度或角度出发来讨论人的情感、意志和自由问题的。与笛卡尔和斯宾诺莎从抽象的普遍概念出发的理路不同，莱布尼茨既然坚持直觉主义的思维路线，他也就势必要从个体事物或个体的人（大体相当于海德格尔的"此在"）出发，从内蕴于个体的人中的"道德本能"出发来思考和处理道德哲学或伦理学问题。莱布尼茨在谈到"道德科学"时，曾经非常明确地指出："因为道德比算术重要，所以上帝给了人那些本能，使人得以立即并且不必经过推理就能处理理性所要求的那些事。"① 莱布尼茨的这段话中有一点是值得特别予以注意的。这就是莱布尼茨在这里明确地提出了"道德本能"问题。因为正是这个短语将莱布尼茨的道德哲学或伦理学与笛卡尔和斯宾诺莎的道德哲学或伦理学，最清楚不过地区别开来了。无论在笛卡尔那里，还是在斯宾诺莎那里，道德都不是一种"本能"的东西，都是理性认知的一个结果或合乎理性认知的东西。这在笛卡尔那里，一方面原则地体现在我们前面所说的，他把道德哲学或伦理学理解为"形而上学"（树根）和"物理学"（树干）组成的哲学大树结出的"果实"上，另一方面则具体地体现在他明确地把"我的道德"理解成"我把我的意志限制在我的认识的范围之内"。② 这在斯宾诺莎那里，则突出地体现在他的"至善在于知神"这句名言上。这就是说，在他们看来，道德问题归根到底是一个理性认知问题，善的问题归根到底是一个真的问题，道德主体归根到底是一个认知主体，一个"思我"。当笛卡尔宣布"凡是意志活动、理智活动、想象活动和感官活动都是思维"时，他要表达的正是这样一种理念。③ 不难看出，当莱布尼茨宣布道德从根本上讲是一种"本

---

① 莱布尼茨：《人类理智新论》上册，陈修斋译，商务印书馆 1982年版，第 59 页。

② 笛卡尔：《第一哲学沉思集》，庞景仁译，商务印书馆 1998 年版，第 65 页。

③ 同上，第 160 页。

能"，一种"使人得以立即并且不必经过推理就能处理理性所要求的那些事"的能力，其锋芒所指显然是对着笛卡尔和斯宾诺莎的道德观的，是意在提出一种新的道德观，即一种以直觉和本能为基础的道德观。不仅如此，莱布尼茨还非常突出地强调了这种道德本能的"非理性"品格。在莱布尼茨看来，所谓道德本能不是别的，而是一种"不安"、"匮乏"、"痛苦"或"欲望"。而构成这种"不安"、"匮乏"、"痛苦"或"欲望"之本质或最初造因的又不是别的，而正是"那种微小的、知觉不到的激动"或无意识的"感觉不到的微知觉"。① 莱布尼茨的这些思想很容易使我们想起精神分析学大师弗洛伊德的"人格"学说，特别是他的"本我"理论来。但是，莱布尼茨的道德本能学说却与弗洛伊德的"人格"学说或"无意识"学说有诸多原则上的差别。首先，莱布尼茨的道德本能虽然也和弗洛伊德的"本我"一样，所关涉的都是一种无意识的生命冲动，都是人的行为的激发器。但是，弗洛伊德的"本我"本身是一种非道德的东西，从而是一种理应受到控制和调节的东西，而莱布尼茨的道德本能，则是一种其本身即具有道德属性的东西，从而其本身即是一种理应得到充分肯定和充分发挥的东西。其次，莱布尼茨的道德本能虽然也与弗洛伊

---

① 莱布尼茨：《人类理智新论》上册，陈修斋译，商务印书馆1982年版，第152、11、180页。

德的"超我"同具有道德属性，但是，在弗洛伊德那
里，"超我"与"本我"的关系是一种压抑和反压抑的
关系，而在莱布尼茨这里，虽然也有"明日之我"和
"今日之我"或"现实之我"和"理想之我"的关系这
样一种问题，但是存在于它们之间的却不是那种压抑和
反压抑的关系，而是一种互存互动、相互生成的关系。
最后，莱布尼茨的道德本能虽然也和弗洛伊德的"自
我"一样，归根到底都有一个"意识"或"自我意识"
的问题，但是，在弗洛伊德那里，"自我"一方面其本
身即为一种"意识"，而且是一种"自我意识"，另一方
面，"自我"又是一种介乎"本我"与"超我"之间且
对双方进行调节的东西。而在莱布尼茨这里，一方面，
道德本能虽然终究能够成为一种道德意识或自我意识，
但是其本身无论如何却还是一种无意识的"本能"，另
一方面，在道德本能中也根本不存在"本我"与"超
我"截然两分这样一种事情。因为人的自觉的道德行为
与人的道德本能之间在本体论层面原本没有任何隔障，
其间所存在的无非是一种潜在与现实的关系。也正是在
这些意义上，海德格尔才肯认莱布尼茨的存在论和道德
本能学说中内蕴有人的主体性思想和主体的超越性。①

　　此外，在我们前面引述的莱布尼茨的那句话中，还

————————

　　①　海德格尔：《逻辑学的形而上学基础》，米歇尔·海姆译，印第安
纳大学出版社1984年版，第88页。

有一点值得我们注意，这就是莱布尼茨关于"道德比算术重要"这个说法。"道德比算术重要"，从深层次讲，就是实质逻辑比形式逻辑重要，充足理由原则比同一原则（矛盾原则）重要，存在比本质重要，实质直觉比形式直觉重要，生存论比认识论重要，善比真重要，欲望比知觉重要。其所以会如此，从根本上讲是因为"自然世界中的道德世界"比"自然世界"重要，人的"生命活动"比人的"认知活动"重要，"变化的原则"比"变化的特殊系列"重要，人的"欲望能力"比人的"知觉能力"重要，人的"精神"比人的"身体"重要，"实存"的东西比"逻辑"的东西重要，"现实"的东西比"可能"的东西重要，"动态"的东西比"静态"的东西重要，"活"的东西比"死"的东西重要。我们可以毫不夸张地说，莱布尼茨的哲学体系并不像一个菜园子，这里长着一棵白菜，那里长着一棵萝卜，毋宁像一幢摩天楼，处于这座摩天楼底部的东西不是别的，正是他的"欲望"学说或"道德本能"学说。《单子论》第15节说："使一个知觉变化或过渡到另一个知觉的那个内在原则（principe interne）的活动，可以称为欲求（appetition）。"这里强调的显然是"欲求"或"欲望"对于"知觉"的"内在性"和"本源性"。在《单子论》第48节中，莱布尼茨又意味深长地强调说："在上帝之中有权力，权力是万物的源泉，又有知识，知识包含着观念的细节，最后更有意志（et enfin Volonté），意志根据那最佳原则造成种种变化或产物。这一切相应于创造出来的单子中的主体或基础、知觉能力和欲望能力（la Faculté Appetitive）。"在这一节中，莱布尼茨不仅明确地将"欲望能力"与"意志"联系了起来，而且还强调指出"意志"或"欲望能力"是一种"根据那最佳原则造成种种变化或产物（qvi fait les changemens ou productions，selon le principe du Meilleur）"的东西，这就不仅强调了"意志"或"欲望能力"的道德属性，而且还把它在生存论和存在论中的基础地位突出了出来。

三

从莱布尼茨的直觉理论与现象学运动的关系入手来阐释莱布尼茨的哲学思想，虽然如上所述，是个不错的选择，但是，真正做起来，却并非一件容易的事情。这件工作的困难无非来自两个方面，即一方面来自莱布尼茨的文本本身，另一方面则来自莱布尼茨哲学与现当代现象学运动的时间间距。人们常常抱怨莱布尼茨的哲学缺乏一个"形式的体系"，从而给他的哲学的研究者带来诸多不便。因为这样一来，人们就必须广泛地阅读他的著作，从他的浩如烟海的著作中，揣摩或体悟其内蕴的种种深层理念，以及隐藏在这些理念背后或之间的

"实质的体系"，并且进而自行构建出一个与其"实质的体系"大体相当的"形式的体系"。这样一种研究方式一方面使得研究工作显得特别繁重，另一方面又往往致使读者对研究成果的"客观性"产生这样那样的怀疑。但是，所有本真的哲学研究不都是这种类型的研究工作吗？诚然，在中外哲学史上确实有许多哲学家自身便构建出了一个"形式的体系"，但是，在中外哲学史上不是也有许多哲学家仅仅有一种"实质的体系"而并无"形式的体系"吗？柏拉图在古代西方哲学史上的地位够重要了，以至于英裔美籍哲学家怀特海把"两千五百年的西方哲学"说成是"柏拉图哲学的一系列注脚"，[①]但是有谁能够说，在他的三十多篇对话中存在有一个鲜明的"形式的体系"呢？在我国的古代哲学家中，孔子和孟子无疑享有显赫的地位，但是，有谁能够说他们的对话录《论语》和《孟子》中存在有一个鲜明的"形式的体系"呢？更何况，即使在当代著名的天才哲学家维特根斯坦的著作中，我们也很难看到一个鲜明的"形式的体系"。由此看来，哲学之为哲学，并不在于它之是否具有"形式的体系"，而在于它之是否是一种"思"。既然如此，则哲学的真正的解释者或阐释者当其解释或阐释一个哲学文本时，他应当直面的与其是这个或那个

---

① 　怀特海：《过程与实在》，杨富斌译，中国城市出版社2003年版，第70页。

哲学的现成的"形式的体系",而毋宁是其哲学文本中所透露出来的这个或那个哲学家的"思"。如果我们从这一立场考虑问题,则莱布尼茨的哲学之缺乏"形式的体系"这一点非但不构成我们对之做出哲学思考的障碍,反而成了逼使我们走本真的哲学道路,对"哲学史文本"做哲学思考的一个重要机缘。事实上,从中外哲学史上看,一些缺乏"形式体系"的哲学文本不仅往往内蕴有最富创见的哲学睿智,而且也给后来的解释者提供了重新解释的多种可能,从而往往能对后世的哲学产生广泛而持久的影响。莱布尼茨的哲学当属于这样一种类型。至于莱布尼茨哲学与现当代现象学运动的时间间距问题,也同样具有双刃剑的性质:一方面这为我们理解和阐释文本带来一定的困难,另一方面这又为我们创造性阐释文本营造了广阔的空间。因为正是在解释对象和解释主体之间存在的时间间距使得二者之间形成了一种巨大的张力,从而为创造性地阐释文本提供了更多的可能。而根据伽达默尔"视阈融合"的理论,在解释对象和解释主体之间所存在的这样一种时间间距和张力结构,正是新的哲学理论或新的哲学形态的诞生地。

因此,问题不仅仅在于我们对莱布尼茨哲学形态的理解,而在于我们对哲学本身的理解,以及我们对哲学研究工作的理解。如果像海德格尔那样,将哲学理解为"思",理解为"在之思",如果像伽达默尔那样,将哲学研究工作理解为"视阈融合"，则对莱布尼茨哲学的研究，对从莱布尼茨的哲学与现当代现象学运动的关联中开展莱布尼茨哲学的研究，对于研究者来说，就不仅是一种挑战和痛苦，而且也是一种机遇和快乐。就我所知，本著作者的哲学素养主要地就是在写作这样一本高水平的学术著作中培养出来的，迄今为止，他的哲学才华也主要地是藉这本著作展现给世人的，他对我国当代哲学的发展，尤其是对我国莱布尼茨研究所做出的贡献，主要也是由这本著作集中体现出来的。

　　这部著作对我国莱布尼茨研究所做出的贡献，首先，就在于它是我国第一部从现象学的角度或高度全面系统地审视莱布尼茨哲学的著作。我国的莱布尼茨哲学研究（权且将有关翻译工作排除在外不予考虑），如果从1908年郭凤翰所译英国张伯尔的《世界名人传略》将莱布尼茨作为"名人"介绍给中国读者时算起，迄今已经有整整一个世纪了。在这一百年间，我国学者虽然也发表了不少论文，出版了一些著作，但是，总的来说，通俗介绍性的论著较多，严格学术性的论著较少，在学术性论著中，从形而上学的路子进去的较多，在形而上学层面运作的较少，在具有形上意味的论著中，从近代哲学和认识论的角度入手的较多，从现当代哲学和本体论哲学入手的较少。至于从现当代现象学的角度和高度来审视和解读莱布尼茨哲学的论著就更是少之又少了。

笔者虽然曾在《哲学研究》上发表过一篇题为"试论莱布尼茨的现象主义与单子主义的内在关联——对国际莱布尼茨研究中一个重大问题的回应"的论文（载《哲学研究》2002 年第 9 期），对相关问题在较深的理论层次上做了探讨，但是，无论如何，它毕竟只是一篇论文，许多重要问题都不可能一一涉及。而本著则从莱布尼茨哲学与现象学的关联中，对莱布尼茨的直觉理论从逻辑学、本体论、伦理学诸层面做了相当细致、相当深入、相当全面、相当系统、创见迭出的阐述。这种对莱布尼茨哲学体系的理论重构使得莱布尼茨的哲学体系以一种不同寻常的气象或面貌呈现给读者，使人感到耳目一新，也为我国的莱布尼茨哲学研究开辟了新的场地。其学术价值无疑是十分重大的。

这部著作对我国莱布尼茨研究所做出的另一项重要贡献，在于其作者在具体、深入阐释莱布尼茨直觉理论的过程中，对西方哲学史上的直觉理论，特别是对近代西方哲学史上的直觉理论做了艰苦细致的梳理，对莱布尼茨的直觉理论做了比较贴切的定位。既然"可道"之"道"并非"常道"，既然哲学的根本目标即在于领悟和阐释这种不可道的"常道"，则直觉理论之为哲学的基本方法就是一件自然不过的事情了。在古代希腊，形式逻辑的创始人亚里士多德在阐述其证明理论时就注意到了直觉或直观的认识论功能和逻辑学功能，在讨论灵魂功能时他之提出"主动理智"显然也是与他的直觉理论密切相关。至近代，随着认识论取代本体论成为哲学的中心问题，直觉问题也相应地成了一个特别突出的问题。如前所述，大陆理性主义哲学家，无论是笛卡尔还是斯宾诺莎都赋予直觉和直觉知识以相当崇高的地位。其实，不仅是大陆理性主义哲学家是如此，英国经验主义哲学家也是如此。事情奇怪得很。英国经验主义哲学家虽然在许多方面都激烈反对大陆理性主义哲学家，但是，在推崇直觉和直觉知识方面，他们与后者倒是完全一致的。众所周知，斯宾诺莎曾经将知识区分为感性知识、理性知识和直觉知识（scientia intuitiva），并且明确地宣布直觉知识是最高等级的知识。[①] 与此相似，洛克在其代表作《人类理解论》中不仅和斯宾诺莎一样，也将知识区分为三种：直觉知识、论证知识和感性知识，而且也和斯宾诺莎一样，明确地宣布直觉知识是最高等级的知识，他甚至进一步强调说：直觉知识是"最明白、最确定的知识"，"离了直觉，我们就不能得到知识和确定性"。[②] 由此看来，问题并不在于人们是否谈论直觉，而是在于人们究竟是在什么样的层次上谈论直觉。直觉这个词，其英文为 intuition，其在拉丁文中的对应

---

① 斯宾诺莎：《伦理学》，贺麟译，商务印书馆1981年版，第74页。
② 洛克：《人类理解论》，关文运译，商务印书馆1981年版，第521页。

词为 intuitio，而 intuitio 的词根为 intueri，其基本含义为
"观看"或"注视"，简言之，为一个"看"字。但是，
"看"的方式有文野之分，看的内容有深浅之别。例如，
在看的方式方面，用东方哲学的语言说，既有肉眼之看，
又有慧眼之看；用西方哲学的语言说，既有感官之看，
又有理智之看。再如，在看的内容方面，用东方哲学的
语言说，有人看到的只是"体"之"用"，有人则能看
到"用"之"体"；用西方哲学的语言说，有人看到的
只是"现象"或"现象界"，有人则能看到"本体"或
"本体界"。于是，也就有了不同类型的直觉：有感性直
觉，有理智直觉；在理智直觉中，有形式直觉，又有实
质直觉。由前面所列举的例证看，洛克所说的直觉当属
于感性直觉，笛卡尔、斯宾诺莎和莱布尼茨所说的直觉
当属于理智直觉；而莱布尼茨的理智直觉又与笛卡尔、
斯宾诺莎的理智直觉不同，前者的理智直觉基本上属于
形式直觉（推证性直觉），后者的理智直觉则既涉及形
式直觉，又涉及实质直觉，并且，从莱布尼茨的整个直
觉理论看，实质直觉无疑是其中起支配和决定作用的内
容。如果我们从一个更为广泛的理论视野看问题，我们
还会进而发现，莱布尼茨的实质直觉思想不仅是其整个
直觉理论的主导层面，而且也是其整个哲学体系的一个
主导层面。我们唯有藉着莱布尼茨的实质直觉思想，才
能达到其直觉理论的幽深处，并且进而达到其整个哲学

体系的幽深处，达到其存在论和生存论的幽深处。作者在对近代西方认识论、德国古典哲学的大量有关史料作出认真、深入剖析的基础上，对存在于其中的直觉理论作出了相当耐心、相当细腻且相当有分寸的梳理，锐敏地并且科学地捕捉到了莱布尼茨直觉理论的特殊本质，进而对其实质直觉理论作出了多方位的阐释。就中体现出来的学养和思辨功夫，是一般青年学者难以企及的。

这部著作对我国的莱布尼茨研究还有一项重要贡献，这就是：由于作者从莱布尼茨的直觉理论这样一种元哲学方法的角度以及从莱布尼茨的哲学与现象学的关联中这样一种理论深度和理论视野来审视和重构莱布尼茨的哲学体系，从而使得构成莱布尼茨哲学体系或哲学范畴网络的各个环节（主要范畴）和网结（主要范畴之间的内在关联）的理论地位和根本意涵能够以非常澄明的形态呈现给读者，从而使得许多在传统解释模式下往往受到遮蔽的东西得以以一种相当简洁的样式展现出来，使读者生发出"一旦登绝顶，一览众山小"的感觉。这里一个典型不过的例子是莱布尼茨的"物体观"。我们知道，莱布尼茨在《单子论》第 2 节中曾经将"物体"或"复合物（le Composé）"解释成"单纯东西的堆积（aggregatum des Simples）"。然而，既然在莱布尼茨这里，所谓"单纯"无非是"没有部分的意思"，而"在没有部分的地方，是不可能有广延、形状、可分性

的"，既然莱布尼茨也和笛卡尔和斯宾诺莎一样，凡
"物体"或"复合物"都是具有部分，都是具有广延、
形状和可分性的，这样"问题"就出来了："没有部分"
的东西何以能够"堆积"成"具有部分"的东西？"没
有广延"的东西何以能够"堆积"成"具有广延"的东
西？"没有形状"的东西何以能够"堆积"成"具有形
状"的东西？"没有可分性"的东西何以能够"堆积"
成"具有可分性"的东西？正是这样一些问题让许多读
者对莱布尼茨的"物体观"感到困惑，并且不时地生发
出这样那样的诘难。甚至当年列宁在思考莱布尼茨的物
质观或物体观时也觉得其不可思议。他在转述莱布尼茨
的物质观时不解地写道："单子＝特种的灵魂。而物质
是灵魂的异在或是一种用世俗的、肉体的联系把单子粘
在一起的浆糊。"[1] 列宁在写这样一段话的时候，他并没
有考虑到莱布尼茨既然与笛卡尔和斯宾诺莎一样把物质
理解为广延，其本身没有任何能动性，则物质何以能够
成为"浆糊"，将能动的"单子""粘"在一起呢？毋
庸置疑，列宁毕竟是一位有一定哲学素养的思想家，无
论如何他还是注意到了"莱布尼茨通过神学而接近了物
质和运动的不可分割的（并且是普遍的、绝对的）联系
的原则"。[2] 只是令人遗憾的是，列宁当时并没有深究在

① 列宁：《哲学笔记》，人民出版社1963年版，第430页。
② 同上书，第427页。

莱布尼茨那里物质和运动不可分割的现实的根据究竟是什么？然而，当我们从莱布尼茨的直觉理论出发思考问题，从莱布尼茨与现象学的关联中来思考问题时，这个使许多读者大惑不解的问题便迎刃而解了。因为如果我们注意到欲望乃单子的本质规定性，注意到欲望对于单子活动的激发功能和调控功能，注意到凡欲望都有个欲望什么的问题从而也就都有个借助于单子的种种活动将其所欲望的这个或那个"什么"实现出来的问题，如果套用胡塞尔的话来说，凡单子都具有"意向性"以及努力将意向对象实现出来的"意向活动"，则我们就不妨将上述的"堆积"理解成一种"立义"行为，一种构建"意向对象"的行为。这样，不仅列宁所说的"物质和运动不可分割"的问题能够得到合理的解释，而且列宁所说的"浆糊"问题也同样能够得到合理的解释。应该说，在阅读莱布尼茨的著作中，大多数读者（列宁也是如此）都还是注意到了莱布尼茨关于单子乃"形而上学的力的中心"这个说法，但是相当一部分读者却未能更进一步，将单子所具有的这种"力"理解成"活动力"而非"潜在力"，将这种"活动力"理解"欲望"而非一般的"知觉"，将这种"欲望"理解成"实行"或"实现"。很显然，走出这一步，超越传统的理解模式和解释模式，正是理解莱布尼茨的"物质观"以及他的存在论和生存论的关键一步。海德格尔在《最后一次马堡讲演》中不仅把欲望宣布为"实体之统一性的原初构造者（primum constitutivum）"，其本身即为"活动力（vis activa）"，而且还进而宣布"欲望原就要欲求它者，是自我超越的欲望"，是"单子之为实体的实体性"，是"单子论的核心问题"，其用意都在于破解莱布尼茨的实体论、存在论和生存论之谜，都试图给出莱布尼茨哲学之谜的终极谜底。① 当我们阅读本著时，我们几乎到处都可以看到作者遵循胡塞尔—海德格尔的思路，努力返本开新，致力于揭开莱布尼茨哲学的一个又一个神秘的面纱，从而对其中许多问题做出了高屋建瓴、清楚明白的解读。

四

然而，毋庸讳言，该著也存在着一些不尽如人意的地方。作者作为一位年轻学者，尚有不够成熟、需要磨砺的地方，这部著作在思想内容方面或是在文字表述方面都有一些尚待提高的地方也就是一件可以理解的事情了。例如，其中个别概念的表述尚不够精当，对个别问题的分析也有不得要领之处，对本著几个主体部分（本体论、逻辑学与伦理学）之间的内在关联性似乎也缺乏

① 海德格尔："最后一次马堡讲演"，《路标》，孙周兴译，商务印书馆 2000 年版，第 93—96、108 页。

充分的说明。然而，瑕不掩瑜。无论从本著的理论深度和前沿性质看，还是从本著的创新程度和框架结构看，都不失为一部高水平的学术专著：不仅对于我国的莱布尼茨哲学研究是如此，而且对于我国的整个哲学研究来说也是如此。

在这里，我还想指出的是，要一个年轻学者承担这样一个课题任务实在是一件勉为其难的事情。任何一个人，如果其对莱布尼茨的哲学没有一种相当深入、相当通透的了解，对现当代西方哲学，特别是对现象学和存在主义没有一种比较真切的把握，对整个西方哲学史，尤其是对近代西方认识论史缺乏足够的知识，要承担并完成这样一个课题任务都是不可能的。难能可贵的是，作者不仅鼓足勇气承担了这样一个令人望而生畏的课题任务，而且还以惊人的毅力如此出色地完成了这项任务。对此，无论如何是需要向作者本人表示肯定并予以祝贺的。

桑靖宇博士这部著作的即将付梓也让我感到无限欣慰。首先是因为摆在我们面前的这部著作充分表明武汉大学的莱布尼茨哲学研究工作是后继有人的。我的导师陈修斋先生（1921—1993年），作为我国莱布尼茨研究领域的权威学者，为推进我国的莱布尼茨研究差不多耗费了其毕生的精力。不仅在现在年轻人难以想象的艰难困苦的条件下，翻译出版了《人类理智新论》、《莱布尼茨与克拉克论战书信集》及《关于实体的本性和交通的新系统及其说明》等重要著作，而且还写出了《黑格尔对莱布尼茨思想中矛盾律与充足理由律二元并列问题的解决》、《莱布尼茨哲学体系初探》及《莱布尼茨论人的个体性和自由》等20多篇学术论文，最后又出版了他的莱布尼茨专著《莱布尼茨》（陈修斋、段德智著），直到临终前都还挂念着他的莱布尼茨哲学研究，挂念着武汉大学莱布尼茨哲学研究事业的发展。曾经做过我的硕士研究生和博士研究生的桑靖宇即将付梓的这部著作，无疑是陈修斋先生去世后，我们武汉大学莱布尼茨研究中心推出的又一项极具分量的科研成果。相信陈修斋先生，如果有灵在天，也一定会为此感到兴奋的。

桑靖宇博士的这部著作的即将付梓之所以让我感到欣慰，还因为我进一步相当真切地感到他当年为写作这部著作所付出的精神痛苦和巨大辛劳终于有了"回报"。现在，他在本著"后记"中相当轻松地说，他的这部著作是在其博士论文的基础上"略加修改而成的"。然而，这丝毫不能说明，他的博士论文的写作也是如此的轻松，相反，他是在其精神高度紧张有时甚至相当痛苦的状态下完成其博士学位论文的。如果事情确实如他在"后记"中所说，他是经过"一番""痛苦挣扎"才完成了其硕士论文《莱布尼茨哲学中的微知觉理论》（他的这篇论文也是由我指导的）的，那么，我们就完全有理由接着他的话说：他是在经过"多番""痛苦挣扎"
之后才完成他的这篇博士论文的。而且，事情也确实如
他在"后记"中所"揭发"的那样，他的这篇论文是带
有"命题作文"的性质的：是我"逼"他写这个题目
的。然而，对此我至今也毫无悔意。因为在我看来，作
为一个教师，在指导学生进行学位论文写作时，不仅要
使论文的选题具有一定的学术意义，而且还应当因材施
教，努力使论文的选题能够最大限度地调动学生的积极
性，最大限度地激发学生的学术潜能，努力使其所写作
的论文达到其当时能力所及的最高水平。自然，在这样
的情势下，学位论文的写作就绝不会是一件轻松自如的
事情，而是一种神经高度紧张、反复痛苦挣扎的过程，
一种备受思想煎熬的过程。然而，唯有在这样一种精神
状态下，学术境界才能够提升到必要的高度，理论素养
才能够修炼到必要的水平。在我看来，桑靖宇博士的论
文写作过程大体上也就是这样一个痛苦挣扎的过程，一
个不断自我提升的过程。

桑靖宇博士的这部著作的即将付梓之所以让我感到
欣慰，还有一层理由，这就是他在博士论文完成之后，
并没有因此而完全放弃对莱布尼茨的研究工作。他不仅
极其认真地从事了一些莱布尼茨哲学的教学工作，而且
还重新翻译了莱布尼茨的《单子论》和《基于理性的自
然和神恩的原则》。他的译文的质量究竟如何并不重要，

重要的是这些工作表明他还"欲望"把自己从事了多年的莱布尼茨哲学的研究工作继续下去。俗话说："一朝被蛇咬，三年怕井绳。"实际上，无论是在硕士学位论文完成之后，还是在博士论文完成之后，他在很长一段时间里在心理上都有一种"被蛇咬过"的阴影。这也是很自然的。因为如果一个人一辈子每天在精神上都处于高度紧张的状态，恐怕是连宇航员也都承受不住的。难得的是，尽管如此，他还是坚持了下来。这一点是特别让我感到欣慰和鼓舞的。更让我感到欣慰和鼓舞的是，就在我要结束我给他写的这个长序的时候（2009年1月18日），我突然收到他从美国德州贝勒大学发给我的电子邮件。该邮件说："本以为不会再去碰'莱布尼茨与现象学'这一吃力不讨好的'坚果'了，哪知自2008年6月到美国德州贝勒大学从事博士后研究以来，接触到美国学界的大量的莱布尼茨研究成果，颇感振奋。由于种种机缘，自己的哲学思想也慢慢起了变化，重新感受到先验唯心论的魅力所在。因而觉得莱布尼茨单子论与现象学尤其是胡塞尔后期的先验现象学确实值得花大力气研究。"由九年前（2000年）我"要他"从事"莱布尼茨单子论与现象学"的研究，"阐发莱布尼茨的微言大义（我记得这是当时我对他说的原话）"，到九年后（2009年），他自己竟充分自觉到这件事情的学术价值，"重新感受到先验唯心论的魅力所在"，这不能不说是他对莱布尼茨哲学意义和价值认识的再一次提升。他的这个电子邮件进一步增强了我对他的信心，使我完全有理由相信：在莱布尼茨哲学研究方面，他完全有可能取得更为辉煌的成就，为推进我国的莱布尼茨研究事业做出自己的更为重大的贡献。

　　是为序！

2009 年 1 月 18 日晚上 10 点

于武昌珞珈山南麓

前　言

　　自从康德的《纯粹理性批判》问世以来，在人们的印象中莱布尼茨似乎一直是理性主义独断论的一个代表，确实，莱布尼茨哲学中有着浓厚的逻辑主义的成分，而他在智力上超人的成就好像又加深了人们的这一信念。但这或多或少是不够准确的，在莱布尼茨哲学的理性主义的背景中存在着一条直觉的地平线。莱布尼茨哲学的这一面在二十世纪的欧陆哲学界受到了人们的某种关注。胡塞尔指出："莱布尼茨的长处在于，他在近代是第一个……认识了观念（idee）便是在特有的观念直观（ideenschau）中自身被给予的统一性的人。人们可以说，对于莱布尼茨来说，作为自身被给予意识的直观是真理和真理意义的最终源泉。"① 海德格尔则试图在他的欲求、冲动概念中发现生存论的意图，并认为"单子

---

① 　倪梁康编选：《胡塞尔选集》，三联书店1997年版，第1174页。

论作为对实体的实体性的解释规定了真实存在者的存在"①。由此，莱布尼茨与现象学的关系受到了不少研究者的关注。而在国内尽管对现象学的研究方兴未艾，但由于种种原因莱布尼茨与现象学的关系甚少得到人们的注意。

本书试图借鉴现象学的方法和思想对莱布尼茨的直觉理论作出较系统的分析和阐释，将其哲学本原地奠基于直觉理论之上。在此有必要先对"现象学"这一术语作出简要的说明。按照现象学创始人胡塞尔的本意，现象学寻求的是绝对自明的、不可怀疑的被给予性，以此来建立严格科学的哲学，在现象学的"看"中一劳永逸地消除哲学上的各种歧见和混乱。然而现象学运动的发展却表现出异彩纷呈的面貌，现象学家们似乎都"看"到了不同的东西，甚至对如何"看"他们的理解也不尽相同，因而在现象学家之间很难说有严格的统一性，而是存在着某种"家族类似"。正如舍勒所说："并不存在一个可以提供公认命题的现象学'学派'，而只存在着一个研究者的圈子，这些研究者一致抱有一种对待哲学问题的共同态度和观点，但他们对所有那些在此观点中

---

① Heidegger, The metaphysical foundation of logic, translated by Michael Heim , p. 72, 1978, Bloomington. 值得注意的是，该书的德文原名为 *Metaphysische Anfangsgründe der Logik im Ausgang von Leibniz*，即《以莱布尼茨为出发点的逻辑的形而上学基础》。

被认为是发现了的东西，甚至对这种'观点'之本性的理论都各自不同地接受和承担责任。"①

对此，实际上现象学家们早在现象学运动之初就意识到了，在《哲学与现象学研究年鉴》第一卷（1913年）的一个被称作现象学宣言的声明中，有一段很重要的话："这些编者并没有一个共同的体系。使他们联合起来的是这样一个共同的信念，即只有返回到直接直观这个最初的来源，回到由直接直观得来的对本质结构的洞察，我们才能运用伟大的哲学传统及其概念和问题；只有这样，我们才能直观地阐明这些概念，才能在直观的基础上重新陈述这些问题，因而最终至少在原则上解决这些问题。"②

本书所指的现象学就是这种很宽泛意义上的，即"由直接直观得来的对本质结构的洞察"。本书的大致思路如下：

第一章指出近代唯理论、经验论均在本质认识上陷入了困境，这构成了莱氏直觉理论的直接思想背景。第二章具体分析莱氏直觉理论的内涵，并指出其隐含的现象学意味。第三章则试图将莱氏哲学本原地建立在直觉理论之上，揭示其形而上学的直觉把握的现象学维度。

---

① 刘小枫编选：《舍勒选集》，三联书店1999年版，第49页。

② 施皮格伯格：《现象学运动》，王炳文、张金言译，商务印书馆1995年版，第40页。

第四章探讨莱氏逻辑学和直觉理论的统一问题，从而将其哲学的现象学的维度和逻辑推演的维度融贯起来，构成和谐的整体。第五章则进一步着重分析莱氏直觉理论的伦理学内涵，阐明其在伦理学上的功用，即对人的生存论规定，并指出莱氏哲学的最终目的是人性的发展和完善。第六章是对莱氏直觉理论的评价及简述其对后世的影响。

　　值得说明的是，莱布尼茨并没有一个系统的哲学体系，其哲学思想散见于著作、论文和信件之中，对此费尔巴哈有着精彩的论述："他（莱布尼茨）甚至说，他在《神正论》以及其他论文和著作中，只不过是对自己的哲学作一个粗浅的概述。他没有把自己的哲学体系作为一部连贯的著作写出来，而是把他的卓越思想，按它们呈现于他的脑海时的形态，写在一些零散的纸片上，我们不得不花费精力把它们汇集在一起，才能获得一个由残篇断简组成的完整体系。他的哲学像一条充满光辉灿烂的思想的银河，而不是太阳系和行星系。"①

　　对于其超越时代的直觉理论他自然也没有系统地论述。笔者不得不努力把其思想片断之间的空白补充起来，使其隐含的思想获得一个比较明确、系统的形态，其中借鉴了不少现象学的方法和思想。笔者很可能会遇

---

　　①　费尔巴哈：《对莱布尼茨哲学的叙述、分析和批判》，涂纪亮译，商务印书馆1985年版，第19页。

到这样的诘难：用现象学来解释莱布尼茨是否将其思想过于现代化了？确实，这种指责是有其一定道理的，笔者的答复可分为两方面：

其一，如前所说，莱布尼茨哲学并未以一种现成的形式呈现出来，他只是"从地下深处掘起了大理石层并且把它们凿成了巨大的方块和圆柱"，[①] 他的直觉理论更是如此。正如费尔巴哈所说："（对于莱布尼茨哲学而言）一种内在的阐发活动，不仅是可能进行的，而且也有必要进行。……阐发就是揭示一种哲学的真正含义，揭露其中含有的积极因素，展现隐藏在它的暂时被制约的、有限的规定方式之中的那个哲学观念。观念就是阐发的可能性。因此，阐发困难而批判容易。对于错误和缺陷，只要稍加注意就能看出，而对于美好之物却需要深思熟虑才能发现。"[②] 而要进行阐发，某种先见、某种在先的视阈则是必不可少的。因而，莱氏哲学的非系统化的特性使得阐释者们不得不处于某种伽达默尔所说的"解释学情境"之中。

其二，现象学固然是二十世纪的哲学流派，但正如施皮格伯格所指出的："现象学与其他的哲学运动（如实用主义）并没有什么不同，它同样也是'用新名字表

---

① 海涅：《论德国宗教和哲学的历史》，参见《海涅选集》，人民文学出版社 1983 年版，第 253 页。

② 费尔巴哈：《对莱布尼茨哲学的叙述、分析和批判》，第 5 页。

示旧的思想方式'（威廉·詹姆斯）。而且和它们一样，它改造并调整这种思想，以使出现一种具有其特殊形态的新式哲学，这样它就赋予其先行哲学思想以新的生命和新的活力。"①

　　正是因此，考虑到本书所要阐发的课题——莱布尼茨的直觉理论，笔者以为借鉴现象学思想可以给出一个较好的在先的视阈，有助于人们去发掘莱布尼茨哲学中的"美好之物"。可以说本书的目的并非是仅仅获取某种纯粹的哲学史的客观知识，而是侧重于阐发莱氏哲学所蕴涵的意义，试图去努力倾听这位大智者对现代人会讲述些什么。

---

① 　施皮格伯格：《现象学运动》，商务印书馆1995年版，第55页。

第一章

莱布尼茨直觉理论的思想背景

当西方人从漫长的中世纪觉醒过来，突然发现传统宗教昏暗的洞穴是那么的令人窒息，于是纷纷回到阳光明媚的大地上，并对眼前的现实世界产生了惊人的热情。一时间在文学、艺术、科学、政治等领域大师辈出，灿若星辰，人们吟唱着对新世界的赞歌，对自然、社会、人、神重新进行认识和思考。在这场世俗化运动中，作为时代精神之精粹的哲学，其起步虽稍晚于其他领域，却后来居上，对人的心灵的解放和提升起着某种主导作用。

当时流行的经院哲学歪曲地利用了亚里士多德的"实体的形式"的学说，认为"在每一种实体中都有一个特殊的质（entity）构成了它的实在性和种差，而这与该实体各部分之间的关系无关。……当一个物体的形态改变时，并不是其部分发生了变化，而是一种形式取代了另一种形式"。①

---

① 参见 Paul Janet 为 Discourse on Metaphysics、Correspondence with Arnald and Monadology 所作的导言。The Open Court，1918，p. IX。

例如水变成冰，他们认为是新的形式取代了旧的形式从而构成了新的物体。"他们不仅用主要的或基本的质及实体的形式来解释实体间的不同，而且用所谓的偶性来说明所有的微小的变化和感性的性质。"① 正如莱布尼茨所指出的："他们要为现象找根据，就明目张胆地捏造出一些隐秘性质和功能，把它们想象成好像是一些小精灵或幽灵，能够不拘方式地作出一切你所要求的事，好像怀表凭某种怪诞的功能就能粉碎谷物而用不着磨石之类的东西似的。"② 这样经院哲学家们就用无数"隐秘的质"来解释事物及其变化，将人们的目光从坚实的大地引向虚无缥缈的天堂，以维护其陈腐、愚昧的宗教教条。这种概念游戏般的做法严重地阻碍了自然科学的发展，极大地束缚了人们的思想，像一件光怪驳杂的狭小外套，胡乱地裹在时代宽阔的躯体之上。

当哲学家们对这种封建神学深感不满的时候，很自然地想到以下问题：如何才能获得正确的认识？怎样才能有根据地对世界有所言说？他们迫切地需要自己的"新工具"以寻求具有某种自明性的认识，来驱散封建神学的迷雾，探求世界的奥秘。这也就是通常

---

① 参见 Paul Janet 为 Discourse on Metaphysics、Correspondence with Arnald and Monadology 所作的导言。The Open Court, 1918, p. X。
② 莱布尼茨：《人类理智新论》，陈修斋译，商务印书馆 1996 年版，第 27 页。

所说的近代哲学的"认识论的转向"。随着对自明性的理解的不同，他们可大致分为两类：其一是崇尚理性概念的自明性，认为一切都要接受理性的严格审查，以找出不可怀疑的原初概念作为逻辑演绎的起点，这就是理性主义者；其二是信奉感觉经验的自明性，认为一切知识都应来源于感觉经验，只有扎根于经验的沃土之上的认识才能被接受，这就是经验主义者。近代哲学家们对自明性的探求使他们的思想或多或少地具有某种现象学意味，正如胡塞尔所说："现象学是整个近代哲学的隐秘憧憬。"① 以上这些构成了莱布尼茨直觉理论的思想背景，有必要对此进行扼要的回顾和分析。

第一节　理性主义的理性的、共相的自明性

一　笛卡尔

笛卡尔以其普遍怀疑的方法和"我思故我在"的著名命题而当之无愧地成为近代哲学之父，充分地表达了反对封建权威、追求个性自由的时代风尚。对于传统、权威、常识、经历等造成的种种似是而非之见，笛卡尔的普遍怀疑的方法无疑是一剂猛烈的泻药，它用"清

---

① 胡塞尔：《纯粹现象学通论》，李幼蒸译，商务印书馆1992年版，第160页。

楚、明白"① 这一标尺毫不留情地将几乎一切东西都画上了"形迹可疑"这一记号：

"我应当把凡是我能想出其中稍有疑窦的意见都一律加以排斥，认为绝对虚假，以便看一看这样之后在我心里是不是还剩下一点东西完全无可怀疑。所以，由于我们的感官有时候欺骗我们，我就很愿意假定，没有一件东西是像感官使我们想象出的那个样子，因为有些人连在对一些最简单的几何问题进行推断时也会出错，并且作出一些谬论来，而我断定自己也和任何一个别的人一样也会容易弄错，所以我就把我以前用来进行证明的那些理由都一律摒弃，认为是虚假的。最后，我觉察到我们醒着的时候所有的那些思想，也同样能够在我们睡着的时候跑到我们心里来，虽然那时没有一样是真实的，因此，我就决定把一切曾经进入我的心智的事物都认为并不比我梦中的幻觉更为真实。"②

笛卡尔从感官会导致错误出发，将感觉经验置之一边，以同样方式对推理知识的可靠性提出质疑，这样他就简洁有力地使普遍怀疑达到比较彻底的地步。他进一

---

① 笛卡尔在《形而上学的沉思》中说道："使我确知一件事物的真实性的，的确只有对于我所说的事物的清楚明白的知觉；……因此我觉得可以建立一条一般的规则，就是：凡是我们极清楚、极明白地设想到的东西都是真的。"参见《十六—十八世纪西欧各国哲学》，商务印书馆1975年版，第167页。

② 同上书，第147页。

步认为一切思想都可以进入人们的梦中，因而可能"并不比我梦中的幻觉更为真实"。通过梦境的类比笛卡尔将"一切曾经进入我的心智的事物"都视作是梦幻泡影，从而将普遍怀疑发挥得淋漓尽致。

然而笛卡尔毕竟不是普罗塔格拉、高尔吉亚那样的怀疑主义者，正如他自己所说："我这样做并不是模仿那些为怀疑而怀疑并且装作永远犹豫不决的怀疑派，因为正好相反，我的整个计划只是要为自己寻求确信的理由，把浮土和沙子排除，以便找出岩石或粘土来。……正如在拆除旧房屋时通常总把拆下的材料保存起来，以便用它来建造一座新的房屋，所以我在摧毁我认为基础不巩固的那些意见时作了各种观察，并且得到了许多经验，这些经验在我建立更确切的意见的时候都用上了。"①

笛卡尔通过普遍怀疑所得到的清楚、明白的东西就是著名的"我思故我在"，然而，"我思故我在"这一命题却容易引起人们的误解，需要进一步的分析。实际上笛卡尔本人对它的表述也并不前后一致，在此只能分析他的典型的论述。

笛卡尔如是说道："当我愿意像这样想着一切都是假的的时候，这个在想这件事的'我'必然应当是某种

①　笛卡尔：《形而上学的沉思》，参见《十六—十八世纪西欧各国哲学》，商务印书馆1975年版，第146页。

东西，并且发觉到'我思想，所以我存在'这条真理是
这样确实，这样可靠，连怀疑派的任何一种最狂妄的假
定都不能使它发生动摇，于是我就立刻断定，我可以毫
无疑虑地接受这条真理，把他当作我所研求的哲学的第
一条原理。"①

　　首先值得注意的是，笛卡尔所说的"我思"究竟指
什么？他上文的意思显然是这样的：一切都是可以怀疑
的，但怀疑本身是不可怀疑的，怀疑这种思维活动就是
"我思"。但"我思"显然并不仅仅只是怀疑："什么是
一个在思想的东西呢？就是一个在怀疑、理解、领会、
肯定、否定、愿意、不愿意、想象和感觉的东西。……
并且我也确实有想象的能力；因为虽然我想象出的那些
东西有可能（像我以前假设的那样）不是真的，可是这
种想象的能力仍然不失为真实存在于我之中，构成我的
思想的一部分。最后，我就是那个感觉的东西，……可
是有人会向我说，那些现象都是假的，我是在做梦。就
算是这样，可是最低限度，我好像觉得我看见光、听见
声音、感觉到热总是确实的；这总不能是假的，真正说
来，这就是在我之中称为感觉的东西，严格地说，这不
是别的，就是思想。"②

────────

　　①　笛卡尔：《形而上学的沉思》，参见《十六—十八世纪西欧各国哲
学》，商务印书馆1975年版，第147—148页。
　　②　同上书，第163—164页。

由上可知，笛卡尔的"我思"是颇为微妙的，颇有现象学意味。它要求通过普遍怀疑将意识对象悬置起来，反观意识活动（怀疑、理解、领会、肯定、否定、愿意、不愿意、想象和感觉等）本身，"我思"实际上是对各种意识活动的反观，笛卡尔认为这种反观是理性活动。胡塞尔对此评论道："诚然，笛卡尔并没有把'意向性'当作一个主题加以实际说明和探讨。但是在另一方面，笛卡尔企图从自我出发奠定新的普遍哲学的基础，这整个过程也具有认识论的特征，即他是一种研究自我如何在理性的意向性中（通过理性的活动）产生客观的认识。"① 有人（如伽森狄）反对"我思故我在"，认为为什么不是"我看故我在"、"我玩故我在"呢？这显然是对笛卡尔的基于意向性的反观的误解所致。

让我们返回到"我思故我在"这一命题。关于这一命题的性质，有人说是直觉，有人说是推论，似乎都可以在笛卡尔著作中找到根据。考虑到他曾说过："除了通过自明性的直觉和必然性的演绎外，人类没有其他途径来达到确实性的知识。"② 因而将"我思故我在"这一

① 胡塞尔：《欧洲科学危机和超验现象学》，张庆熊译，上海译文出版社1997年版，第99页。
② 徐瑞康：《欧洲近代经验论和唯理论哲学发展史》，武汉大学出版社1992年版，第152页。

命题判定为直觉是比较恰当的。那么这究竟是什么样的直觉呢？

笛卡尔如是说道："直觉，我指的不是由感觉所提供的恍惚不定的证据，也不是由想象力所作出的错误判断，而是由纯粹和专一的心灵所产生的概念。这种概念是如此简单和清楚，以致对于所认识的对象，我们完全无需加以怀疑。"① 然而，这种"由纯粹和专一的心灵所产生的"、"完全无需加以怀疑"的直觉是需要进一步分析的。如前所说，"我思"作为对意识活动的反观，无疑是纯粹的直觉，是现象学的"看"，但它和"我在"连在一起时就不那么简单了。笛卡尔认为："我是一个实体，这个实体的全部本质或本性只是思想，它并不需要任何地点以便存在，也不依赖任何物质性的东西；因此这个'我'，以及我赖以成为我的那个心灵，是与身体完全不同的，甚至比身体更容易认识……"②

从现象学的观点看，在对变动不居的意识活动的反观中（即在"我思"中），作为实体的"我"并不存在。正如胡塞尔所说："他（笛卡尔）实际上没有对他的一切先入之见、对各个方面的世界执行中止判断（或

---

①　徐瑞康：《欧洲近代经验论和唯理论哲学发展史》，武汉大学出版社 1992 年版，第 152 页。

②　《十六—十八世纪西欧各国哲学》，商务印书馆 1975 年版，第 148页。

加'括号');……在笛卡尔《沉思》的基本考虑中（在此中止判断和他的自我已被引进），由于把自我等同于纯粹灵魂，它的前后一致性就被破坏了。"① 因而，笛卡尔的"我思故我在"并没有正确地理解"我思"，而是将实体的自我从普遍还原的缝隙中偷运进来，使其现象学因素变得浑浊不清。

可见，笛卡尔的"我思故我在"的所谓的直觉自明性并不是纯粹的现象学直观的自明性，而更多的是一种基于理性的、概念的自明性。正如陈修斋、段德智在《莱布尼茨》一书中所指出的："质言之，这条［真理］（'我思故我在'）不是基于别的，而是基于思维的一致性和自确证，即基于思维的矛盾原则。"②

笛卡尔从主要是概念的自明性出发，力图从自我中得出普遍客观的哲学第一原理，但正如胡塞尔所指出的，他的自我是不纯粹的，因而难以达到真正的客观的知识，不可避免地陷入重重矛盾之中。

首先，由于笛卡尔的自我没有经过严格的还原，不是真正的纯粹的主体性，不能将客体统一于自身。因而他的"我思故我在"被禁锢于主观的领域之内，找不到通达客体的途径，他不得不借助安瑟伦的本体论论证法乞灵于上

———————

① 胡塞尔：《欧洲科学危机和超验现象学》，张庆熊译，上海译文出版社 1994 年版，第 94—95 页。

② 陈修斋、段德智：《莱布尼茨》，东大图书公司 1994 年版，第 54 页。

帝，通过上帝来保证心中的清楚明白的物质概念的确定性和实在性。这种论证不单是笨拙的也是不合理的。

其次，由于笛卡尔把自我视为理性的思维，把物质定义为广延，就不可避免地造成了主体、客体之间的令人触目惊心的隔离，笛卡尔试图用奇特的"松果腺"将之连接起来，但这显然就像抓住自己的头发想把自己提起来一样不可能。

总之，笛卡尔的直觉是概念的自明性和现象学的直观的混杂，正是由于这种不彻底性使其哲学矛盾重重，受到了各方面的批判，其继承人斯宾诺莎就不得不另起炉灶了。

二　斯宾诺莎

斯宾诺莎是唯理论的集大成者，他将笛卡尔的困难重重的自我学和不纯粹的现象学直观置之一边，而把注重概念自明性的理性演绎法贯彻下来，形成了一个系统完备的唯理论体系，这显著地表现在以几何学方法写就的《伦理学》中。

在《伦理学》中斯宾诺莎把知识分为三种，即感性知识、理性知识和直观知识，它们分别代表了三种不同的认识方法：感性经验、逻辑推理和直观。由于感性经验得来的感性知识缺乏普遍必然性，他自然认为是虚妄不实的。而由逻辑推理所产生的理性知识固然比感性知识可靠，但逻辑推理有可能出错，而且这种知识并不能深刻地反映事物的本质，故并非是最高的哲学知识，而是属于自然科学领域的。

斯宾诺莎所推崇的直观知识是指"纯从认识到一件事物的本质，或者纯从认识到它的最近因而得来的知识"。① 这种直观究竟指什么，他本人并未明确说明。在《伦理学》中他举了一个例子，当他论述了感性和理性是如何求第四个数之后，他说："但是要计算最简单的数目，这些方法全用不着，譬如，有 1、2、3 三个数于此，人人都可看出第四比例数是 6，这比任何证明还更明白，因为单凭直观，我们便可看到由第一个数与第二个数的比例，就可以推出第四个数。"② 正如洪汉鼎所指出的："这里的直观并不是指毫无推理的纯粹直觉，而也是一种推理，只是这种推理是这样熟练，以致可以不需要作间接的演算过程就直接推出结论。"③ 与理性的间接的推理不同的是，直观是直接的推理，具有某种不可怀疑的自明性。

斯宾诺莎的直接推理的直观实际上是基于同一律或矛盾律的，这也正是其自明性之所在。他的"几何学"

---

① 斯宾诺莎：《知性改进论》，贺麟译，商务印书馆 1960 年版，第 24—25 页。

② 斯宾诺莎：《伦理学》，贺麟译，商务印书馆 1983 年版，第 74 页。

③ 洪汉鼎：《斯宾诺莎哲学研究》，人民出版社 1993 年版，第 548 页。

方法就是首先通过直观获得真观念及其定义（界说），然后依此演绎出整套的公理、命题、推论和解说。斯宾诺莎试图凭借这种彻底的以概念自明性的直观为基础的理性演绎法来克服笛卡尔哲学的矛盾。

我们知道，笛卡尔从"我思故我在"出发，依次得出了心灵、上帝和物质这三种实体，从认识论上讲，心灵实体是最清楚明白的，无疑是第一实体，但从本体论上讲，它却只是相对独立的，必须依赖于上帝，只有上帝才是真正意义上的实体。可见笛卡尔在方法和体系上是存在着矛盾的。斯宾诺莎的直观学说则严格地贯彻了实体的独立自存性这一思想，认为实体是自因的、无限的和永恒的，从而得出了神即自然的一元泛神论。笛卡尔的实体二元论被克服了，而代之以属性的二元论，思维和广延在神的永恒的必然性中一一对应。由此斯宾诺莎建立起了庄严巍峨的唯理论哲学大厦，然而由于其基于概念直观的理性演绎法，却难免显得有些空洞和死板，难以摆脱独断论和决定论的阴影。斯宾诺莎哲学作为唯理论的完备形态将这种思维方式的优点和弊端都鲜明地展现出来。

第二节　经验主义的感觉的、殊相的自明性

在对自明性的追求中经验论走着一条与唯理论迥然

不同的道路，他们把唯理论者所推崇的普遍的概念和逻辑斥之为虚妄的假象，转而把感觉经验作为其哲学理论的核心所在。

洛克像后来康德所做的那样认为在认识之前必须首先对人的认识能力进行批判性的考察，"第一步应当事先观察自己的理解，考察自己的各种能力，看看它们是适合于什么事情的"。[①] 在他看来唯理论将普遍概念和逻辑原则视作是自明性的天赋观念正是对认识能力的误用，他认为人的心灵是一块白板，不存在任何天赋之物，一切知识都源于经验，只有个别性的经验才具有不可怀疑的自明性。洛克把经验分为感觉和反省两种，认为正是因为这两种作用，心灵的白板才充满了各种观念，在简单观念的基础上通过组合、比较、抽象形成了各种复杂观念，这样洛克就较完整地建立起了经验主义的认识论原则。胡塞尔在《欧洲科学危机和超验现象学》一书中称洛克是一种"自然主义——认识论"，这主要是指其实体思想而言。我们知道，洛克认为外界的物质作用和内在的心灵功能必然有其依托，由此他推出了物质实体和精神实体的存在，这种对普遍实体的确认无疑是有违其经验主义原则的，陷入到自然主义之中。此时洛克仍然保持着某种经验主义的清醒，他说道：

----

① 洛克：《人类理解论》，商务印书馆1959年版，第5页。

"我们对于实体并无任何观念，只是对它的作用有一个含糊的观念。"① 但这样一来这种不可知论就与其"心灵白板说"自相矛盾了。总之洛克虽然确立了经验论的认识原则，却由于其不彻底性而陷入重重矛盾之中。

贝克莱进一步贯彻了经验主义的认识原则，这首先表现在他对抽象观念的批判上。他否认人的心灵具有像洛克所说的从简单观念上升为复杂的抽象观念的能力，他认为这正是人类在知识上错误的主要原因。在他看来人的思想是不能离开具体的事物的，抽象的概念只是人的臆想而已。他说道："我承认我自己在一种意义下也能进行抽象，因为我可以把某些特殊的部分和性质，从那些与它连接在某一对象内而又能离开它们而存在的其他部分或性质中分离出来，单独考察。不过，我否认我能依照上述的方法，离开特殊的事情来构成一个一般的概念。"② 由此出发，他对物质实体进行了批判，他说道："物体一词只包含着每一个普通人所指的意义，即以为它是直接所见所触的，以为它只是一些可感性质或观念的集合体。"③ 即除了颜色、形状、硬度、气味等可感性质之外再无其他，抽象的物质概念纯粹是子虚乌有

---

① 洛克：《人类理解论》，商务印书馆1959年版，第142页。
② 《十六—十八世纪西欧各国哲学》，商务印书馆1975年版，第526页。
③ 贝克莱：《人类知识原理》，商务印书馆1973年版，第62页。

之物，这就是他著名的口号"存在就是被感知"、"物是感觉的集合"。以上思想表明贝克莱比洛克在经验主义的道路上更进了一步，然而贝克莱又从感觉推论出了心灵实体和上帝的存在，这表明他仍没有摆脱自然主义的思维方式。

近代经验主义只有在休谟那里才达到了完美的地步，也因此而走到了尽头。休谟把一切心理现象都称作知觉，他把知觉分为两类，即印象和观念。印象是指"初次出现于灵魂中的我们的一切感觉、情感和情绪"，它是直接性的，是最生动、最强烈的知觉。而观念是印象在心中的摹本和再现，是间接性的，是不生动、不强烈的知觉。休谟又进一步把印象分为感觉印象和反省印象，与洛克把这两者置于同等地位不同的是，他认为反省印象"是出现在感觉印象之后的，而且是由感觉印象得来的"①，这样他就把一切观念都完全奠基于感觉之上了。休谟赞同贝克莱对抽象观念的批判，认为观念与印象只有量的区别而无质的差异，一切抽象观念都是不存在的。与贝克莱不同的是，他将这种经验主义原则严格地加以彻底化，去除了种种自然主义的杂质，这主要表现在以下两方面：第一，在感觉的来源上，他用奥卡姆的剃刀无情地将各种实体学说驱逐出其哲学之外，他不

---

① 休谟：《人性论》，关文运译，商务印书馆 1980 年版，第 20 页。

但批判了物质实体学说，对心灵实体理论也不放过。我们知道，心灵实体的特征在于其独立自存和恒定不变，而休谟则认为，心灵是川流不息的知觉之流，所谓恒存不变的精神实体只不过是人的幻象而已。至于感觉的来源，休谟认为这种经验之外的东西完全超出了人的认识能力，人们应该对此保持审慎的缄默。第二，休谟对普遍必然知识的基础——因果性进行了猛烈的批判。他认为在感觉经验之中是得不出必然性的因果关系的，因果性只是"习惯性联想"的产物。他主张，面对着各种闪烁不定、川流不息的知觉现象，人们不应抱有任何对一般性的抽象之物的幻象，而应满足于按照习惯和常识行事。休谟的这种对抽象的一般之物的彻底批判非常类似于现象学的"普遍悬置"，但他的彻底的经验主义却使他局限于自明性的个别经验现象之中，找不到通达本质认识的合理途径，从而陷入不可知论之中，这正是经验论的不可避免的结局。

由上可知，无论是经验论还是唯理论对自明性的追求均遇到了难以克服的困难，这主要体现在对本质的认识上。彻底的经验论由于排斥本质认识而陷入不可知论，唯理论则求助于概念、逻辑的自明性而难逃独断论的泥潭。正是在这种困境之中，莱布尼茨的艰苦的努力开始了。

第二章

莱布尼茨的直觉理论

在近代哲学对自明性的认识的追求中，唯理论与经验论分别崇尚概念的自明性和感觉的自明性，这两派都取得了长足的进步，使近代哲学展现出追求认识的严格性、注重反思主体的认识能力的崭新风貌。但同时它们又陷入某种困境之中：唯理论的概念的自明性固然保证了认识的普遍必然性，但这种抽象的玄思难以在现实的沃土上生根发芽，从而堕入空洞性的迷雾之中；而经验论的感觉的自明性虽然使其在经验的领域得心应手，但是一旦他们试图在形而上学普遍知识的天空上翱翔时则难免手忙脚乱了，最后干脆摒弃了这种企图，而满足于"面朝黄土背朝天"了。莱布尼茨可以说是先于康德开始了整合唯理论与经验论的工作，而他的直觉理论则表现出某种现象学的本质直观的意味，在某种程度上克服了先前哲学的偏执性。

第一节　莱布尼茨对唯理论与经验论的整合

　　莱布尼茨是个温和的、充满善意的人，"他的精神状态是幸福的，丝毫没有厌恶、蔑视和憎恨的心情；他具有忍让的精神和温和的性格，只看到万物中的美好的一面。他这样地描绘他自己：'我几乎对什么东西都不轻视'。"① "他的精神是最纯洁的博爱精神，是爱的精神、赞赏的精神、和解的精神；可是，这种和解不是那种可怜的和解，而是一种充满光明和富有才智的和解，前一种和解由于精神和性格软弱无力而抹煞矛盾，后一种和解却产生于渊博的知识和深刻的理解。……无论在什么地方，无论在政治、科学和宗教领域内，我们都看到他经常是两个极端之间的调停人；他凌驾于对立之上，而不是站立在对立之中；他是法官，而不是诉讼的任何一方。"② 近代哲学中的唯理论与经验论的尖锐对立在莱布尼茨的超卓的才智和广阔的胸襟中达成了某种和谐，实际上和谐也正是他的哲学的根本精神。

　　莱布尼茨对唯理论和经验论的整合可大致表述为以下三个方面。

---

　　① 费尔巴哈：《对莱布尼茨哲学的叙述、分析和批判》，商务印书馆1997年版，第22页。

　　② 同上书，第23页。

1. 认识是从个别向一般的发展过程

不同于笛卡尔、斯宾诺莎等唯理论者片面地排斥感觉经验，莱布尼茨认为："人们是从感觉开始，以便一点一点地引导人达到那超出感觉之上的东西。"① 但与洛克等经验主义者不同的是，他并不认为通过对感觉经验的归纳、抽象就能达到本质认识，如他所说："无可争辩的是感觉不足以使人看出真理的必然性，而因此心灵有一种禀赋（既是主动的也是被动的），来自己从自己内部把这些必然真理抽引出来：虽然感觉也是必需的，为的是来给心灵这样做的机会和注意力，使它把注意力放在某些方面而不放在另外的方面。"②

莱布尼茨充分认识到了唯理论和经验论的困境，因而他对认识过程的理解是迥异于前人的：一方面认识离不开感性，总是从感性开始，从而避免了以往唯理论者的概念的空洞性；另一方面本质认识并不直接源于感觉经验，感觉经验只是提供了一种助缘，使人们得以将注意力转向本质认识，从而避免了狭隘的经验主义。如他所说："由于大自然的一种可赞叹的经营结构，我们不会有什么抽象的思想是不需要某种可感觉的东西的，即使这可感觉的东西不过是一些记号，就像字母的形状以及声音那样；虽然在这样的武断的记号和这样的思想之

---

① 莱布尼茨：《人类理智新论》，商务印书馆 1996 年版，第 74 页。
② 同上书，第 49 页。

间，并无任何必然的联系。"①

　　莱布尼茨的这种对唯理论和经验论的整合与超越使其思想富有鲜明的现象学本质直观的意味：经验的助缘使意识获得了直接的被给予性，同时通过一种类似胡塞尔的"目光的转换"②，意识活动得以指向本质认识。

　　关于胡塞尔的本质直观，倪梁康曾如是说道："在《逻辑研究》时期，胡塞尔已经对近代哲学的传统做了突破。这里所说的近代哲学传统是指在认识论中的这样一种看法，即认为直观只能将个体之物作为自己的对象，而观念之物或普遍之物则要通过抽象才能被我们所获得。胡塞尔与之相反地提出'观念直观的抽象'这一概念并对直观行为进行重新解释。……在个体直观中，个体对象被构造出来了，它们为我们发现普遍对象提供了基础。但这并不是说：普遍的对象以某种方式'隐藏在'个体对象之中。……但是，我们能够以对个体对象

---

　　①　莱布尼茨：《人类理智新论》，商务印书馆1996年版，第46页。
　　②　胡塞尔的本质直观的思想经历了某种有趣的变化，在1927年前的著作如《逻辑研究》、《纯粹现象学和现象学哲学的观念》第一卷等中，他认为可以通过目光的转换而从一个个体直观过渡到本质直观上去；而在1927年之后，他则提出了"本质直观的变更法"，认为必须有多个个体直观，才能通过想象来进行变更，以达到本质直观。（参见倪梁康《胡塞尔现象学通释》第41—43页的"个体直观与普遍直观"词条）笔者认为这种转变的原因是胡塞尔力图使本质直观的方法更严格、更具有操作性。本文此处的"本质直观"是指胡塞尔1927年之前的"目光的转换"。

的直观为出发点，转变自己的目光，使它朝向观念对象。'我们对红的因素进行观察，但同时进行着一种特殊的意识行为，这种意识行为是指向观念、指向普遍之物的'。这就是说，这个目光是指向感性感知和感性直观的被给予之物的，但它并不指向纸的红色，也不指向这种红的程度，而是指向红本身。在进行这种目光转向的时候，红本身本原地、直接地被给与我们。……一方面，我们不是在被给予之物，即感性材料中'发现'这个普遍之物，因而不同于实在论；另一方面，我们也不是在这种特殊的意识活动中'创造'这个普遍之物，而是'发现'他，发现这个被普通人容易理解为虚无的非时空的观念，因而又不同于唯名论。所以，胡塞尔所说的抽象，'不是指在对一个感性客体的某个非独立因素进行突出提取这种意义上的抽象，而是一种观念直观的抽象，在这种抽象中，不是一个非独立的因素，而是它的观念，它的普遍之物被意识到，它成为现时的被给予。'"①

　　通过以上略显冗长的引文，可清楚地看出莱布尼茨的"经验的助缘"的思想与胡塞尔的本质直观的类似之处，大致说来有以下几点：

　　第一，他们都是从感性之物开始，通过某种目光的

_____

　　① 　倪梁康：《胡塞尔现象学通释》，三联书店 1999 年版，第 41—42 页。

转换来达到本质认识，因而这种本质之物是绝对被给予的，而非抽象的概念；

第二，这种本质认识虽离不开感性之物，但并不是现成地寓于它之中；

第三，这种本质之物不是经验主义唯名论的抽象的结果，而是通过目光的转换在直观中所"发现"的。

由此可知，尽管莱布尼茨只是粗略地讲述了其认识从个别向一般发展的"经验的助缘"的思想，我们仍可将他称为现象学本质直观的先驱者。

2. 感觉经验和本质认识的内容相同，只是清晰的程度不同

与以往唯理论者在感性与理性之间划出一道鸿沟不同的是，莱布尼茨认为感性经验和本质认识的内容是相同的，只是清晰程度不同。他认为："每一种感受都是对一种真理的知觉，而自然的感受则是对一种天赋真理的知觉，但常常是混乱的，正如外感官的经验是混乱的一样。"[①] 与经验主义者将感觉经验放在第一位的做法相反，莱布尼茨认为只有本质认识才是最明确的，而感性认识实际上是一种混乱的本质认识。

莱布尼茨的这种本质主义思想是颇有意味的，为了探讨它的深层含义，我们不妨借用现象学的思想对之进

---

① 　莱布尼茨：《人类理智新论》，商务印书馆 1996 年版，第 61 页。

行分析。胡塞尔认为意识活动包括三个环节：意向活动、意向对象和意义，即意向活动总是通过某种意义而指向意向对象。[①] 依此莱布尼茨的上述思想可表述如下：感性认识和本质认识所指向的实际上是同一个意向对象，只是不同的意向活动所赋予的意义不同。之所以如此是因为在他那里真正的意向对象实际上就是单子，而单子作为"具体的统一"既是特殊的又是普遍的，这样在不同的意向活动中就可以表现出不同的意义。具体地说，感性认识所把握的是特殊性，是混乱的知识。而本质认识则有两种，一种是把握抽象的普遍性，另一种则是同时把握普遍性和特殊性的最清晰的直观认识。也正是因此，认识表现为从模糊向清晰、从不纯粹向纯粹的发展过程。

莱布尼茨的这种否认感性经验的明证性，认为它是本质认识的变形、不纯粹化的思想虽与胡塞尔的理论相左，但在现象学家中却不乏赞同者，如舍勒认为："一个'纯粹的感觉'是永远不会被给与的。"[②]

3. 感性之中潜在着本质认识

感性经验既然是本质认识的变形，那么在它之中必然潜在着本质的因素，它必然对本质具有某种前认识论

---

① 张庆熊：《熊十力的新唯识论与胡塞尔的现象学》，上海人民出版社 1995 年版，第 22—23 页。

② 刘小枫选编：《舍勒选集》，上海三联书店 1999 年版，第 21 页。

的、模糊的理解和领悟。莱布尼茨认为："心灵每时每刻都依靠这些（本质）原则，但它并不容易把它们区别开来和清晰、分明地表象开来。"① 他举例说，尽管很多人不知道矛盾律等逻辑规则，但人们每时每刻都离不开它们。文德尔班对此评论道："莱布尼茨阐述的是这种思想：这些原则作为细微知觉，以及作为有关思想的无意识的形式，已包含于知觉中，……永恒真理的活动形式早已蕴藏于感性表象中。"②

因而，莱布尼茨不是像笛卡尔和斯宾诺莎那样，将感性经验视作是纯粹消极的错误之源，而是认为它是与本质密不可分的，是对本质的不清晰的、前认识论的把握，是无意识的、微知觉的本质。莱布尼茨进而认为，感性经验并不仅仅是模糊的本质认识，而是在内在的欲求的推动之下不断地克服自身的局限性，追求更高程度的清晰。这样一来，原先唯理论的不食人间烟火、面无血色的本质终于在现实经验中找到了隐秘的居所，并获得了强大的生机和活力。

通过本节的论述可知，莱布尼茨对唯理论和经验论的统一最终是建立在对本质的直觉之上的。

---

① 莱布尼茨：《人类理智新论》，商务印书馆1996年版，第40页。

② 文德尔班：《哲学史教程》，罗达仁译，商务印书馆1993年版，第643页。

第二节　莱布尼茨直觉理论的基本内容

莱布尼茨认为直觉实际上有两种，它们分别对应于不同的天赋观念。那种把握本体论、伦理学的天赋观念的实质的直觉是他的创造性的发现。本节拟对此进行较详细的论述。

一　直觉的知识

如前所说，笛卡尔以"清楚、明白"作为本质认识的标准，并得出了"我思故我在"等哲学命题，他的"清楚、明白"虽然具有某种现象学直观的因素，但最终仍是基于矛盾律的概念的自明性。莱布尼茨则认为本质认识在概念的自明性之外另有着直觉的根源，只有非概念自明性的直觉才真正使本质认识成立起来。正如海德格尔所指出的，"莱布尼茨在这一点上赞同笛卡尔以及整个形而上学传统：即对存在者的知识而言，观念的把握、本质的知识是有意识或无意识地被预设的。但莱布尼茨不同意笛卡尔的以下观点：观念根据认识论的'凡是清楚、明白地被感知的就是真的'这一般原则能够被充分地认识。莱布尼茨不仅给出了关于'清楚与模糊、明白与混乱'（clear and obscure, distinct and confused）的更严格的概念，而且表明在它们之上还有一个更高的阶段，在此我们首次获得了本质的知识。笛卡尔的‘一般原则’并非是本质的知识和观念的标准。……现在莱布尼茨反对笛卡尔，认为真与清楚、明白的感知不同，真是被直觉充分地感知。"①

具体地说，莱布尼茨将知识分成以下的等级："知识或者是模糊的（obscure）或者是清楚的（clear），清楚的知识或者是混乱的（confused）或者是明白的（distinct），明白的知识或者是不充分的（inadequate）或者是充分的（adequate），充分的知识或者是象征的（symbolic）或者是直觉的（intuitive），最完美的知识既是充分的又是直觉的。"② 莱布尼茨在此先列出一对相反的知识，再将其中的积极的知识继续两分，依次类推，直至达到最完美的直觉知识。

关于第一对知识，模糊的知识是不足以辨认被表象的事物的知识，而清楚的知识则使人将所遇到的东西等同于以前所看到的东西；清楚的知识可分为混乱的和明白的，混乱的知识不能使人列出那足以使被清楚知道之物区别于他物的记号，明白的知识使人拥有足够的记号

---

① Heidegger, The metaphysical foundation of logic, translated by Michael Heim, pp. 66—67, Bloomington, 1984.

② Leroy Loemker, Gottfried Wilhelm Leibniz: Philosophical Papers and Letters, p. 291, Boston, 1969.

和特性使一物区别于其他类似之物，这已经是纯粹的一般知识了；明白的知识可分为不充分的和充分的，不充分的知识是指尽管单个的记号在与他者的关系中是清晰的，但就其本身而言仍是混乱的，充分的知识是指每一个成分其自身被清晰地认识，或者分析被执行到底，混乱不再可能；充分的知识又被分为符号的和直觉的，符号的知识是指通过替代性的、指示性的符号来运作的充分知识，直觉的知识是指充分知识的每一部分及其整体都以直觉、看的方式表现出来。正如克里斯丁所说："当他（莱布尼茨）谈到清楚的、直觉的和最完美的知识（与混乱的和盲目的知识相反）时，它并非像笛卡尔那样，只是去寻求具有绝对的证据和确定性的客观性，而是暗示着一个全面的意义，在其中思维（cogito）的无可置疑的知识与神秘的洞见交汇在一起。"[①]

在《人类理智新论》中莱布尼茨又把直觉知识分为两种："由直觉所认识的原始的真理，和派生的真理一样也有两种。它们或者是属于理性的真理之列，或者是属于事实的真理之列。理性的真理是必然的，事实的真理是偶然的。原始的理性真理是那样一些真理，我用一个一般的名称称之为同一的（identiques），因为它们似

---

① Cristin, Heidegger and Leibniz: Reason and the Path, p. 76, Newtherland, 1998.

乎只是重复同一件事而丝毫没有交给我们什么。"① "总之可以一般地说，一切原始的理性真理都是直接的，这直接是属于一种观念的直接性（immediation d'idées）。至于说到原始的事实真理，它们是一些内心的直接经验，这直接是属于一种感受的直接性（immédiation de sentiment）。而正是在这里，笛卡尔派或圣奥古斯丁的我思故我在，也就是说我是一个思想的东西这条第一真理才适得其所。……由此可见，一切理性的或事实的原始真理都有这一共同点，即它们是不能用某种更确实可靠的东西来证明的。"②

作为"不能用某种更确实可靠的东西来证明"的直觉知识其有效性自然是源于直接的自明性，其中原始的理性真理的自明性是"观念的直接性"，也就是简单的分析命题的同义反复性，它可以不假思索地被人们所觉察到。实际上如前所说，以往的唯理论者的直觉知识都可被归于这种原始的理性真理。而原始的事实真理的提出则是莱布尼茨超越近代的直觉学说的地方，这种原始的事实真理不是同义反复的分析命题（至少对于人的有限的心智而言不是），而又具有某种直接的先验性，可见莱布尼茨已先于康德以一种不十分明显的方式提出了

————————

① 莱布尼茨：《人类理智新论》，商务印书馆 1996 年版，第 411—412 页。

② 同上书，第 418 页。

先天综合判断的问题（《人类理智新论》对康德的影响是众所周知的）。莱布尼茨把"先天综合判断如何可能"归因于"感受的直接性"，类似于现象学的本质直观，这使得在他那里没有康德的"先验幻想"的问题，他的哲学体系正是本原地建立在此基础上的。正如胡塞尔所说："莱布尼茨的长处在于，他在近代是第一个理解了柏拉图唯心主义的最深刻和最重要意义的人，因而也是第一个认识了观念（idee）便是在特有的观念直观（ideeschau）中自身被给与的统一性的人。人们可以说，对于莱布尼茨来说，作为自身被给与意识的直观是真理和真理意义的最终源泉。所以对他来说，任何在纯粹明证性中被观察到的一般真理都具有绝对的意义。"①

为了表述的方便，我们将与原始的理性真理和原始的事实真理这两种直觉知识相对应的两种直觉能力称为形式的直觉和实质的直觉，另外，本书中所说的直觉、直观如未作特别说明一般均指实质的直觉。

莱布尼茨的两种直觉所认识的原始的真理实际上以天赋观念的形式表现出来。

二 天赋观念及其认识

天赋观念论是近代哲学争论的一个重要问题。它是

---

① 《胡塞尔选集》，上海三联书店1997年版，第174页。

由笛卡尔首先提出来的，他把人心中的观念分为三类，即天赋的、外来的和凭幻想捏造的。他说道："我具有一种能力来设想我们一般地称之为事物、真理和思想的东西，所以我觉得我的这种力量不是从别处得来的，只是来自我自己的本性；可是如果我现在听到某种声音、看见太阳、感觉到热的话，我直到现在为止都是断定这些感觉来自某些存在于我之外的东西的；最后，我觉得美人鱼、飞马以及其他这一类的怪物都是我的心灵的虚构和捏造。"① 笛卡尔的天赋观念是指几何学公理、逻辑规律、自我观念和上帝观念等。总的来说，笛卡尔的这种思想具有浓厚的逻辑主义的色彩，是一种从逻辑到存在的思想路线。虽然他的体系的出发点是"我思故我在"，但如前所说，它最终是依据于逻辑学的同一律。这更鲜明地表现于当他试图借助上帝来摆脱唯我论时所乞灵的本体论证明。

　　笛卡尔的天赋观念论的逻辑主义思想固然保证了本质知识的先验性，却使其与感性经验之间存在着一条不可克服的鸿沟，使天赋观念成了高高在上的空洞之物，并导致了心物分裂的二元论。笛卡尔派的这种抽象的天赋观念论自然遭到了经验主义者的猛烈批判，他们认为人的心灵是一块"白板"，没有任何天赋的东西，一切

---

　　① 《西方哲学原著选读》（上卷），商务印书馆 1981 年版，第 374 页。

观念都来源于感觉经验，但这样一来他们难免在本质的认识上陷入困境，并最终陷入怀疑主义。

为了拯救本质认识，莱布尼茨对笛卡尔派的天赋观念论作了重大的修正：第一，与笛卡尔派的死板的、现成的天赋观念不同，莱布尼茨认为天赋观念"作为倾向、禀赋、习性和自然的潜能天赋在我们心中，而不是作为现实天赋在我们心中的，虽然这种潜能也永远伴随着与它相应的、常常感觉不到的某种现实"。① 因而天赋观念不是孤立的僵硬之物，而是变化发展的，与感觉经验有着紧密的联系，在感觉经验之中有其隐秘的居所。第二，正因为天赋观念与感觉经验有着密不可分的联系，因而对天赋观念的认识不能像笛卡尔派那样将感觉经验片面地排斥到一边，而是必须以经验为助缘才能把握到，正如莱布尼茨所说："由于大自然的一种可赞叹的经营结构，我们不会有什么抽象的思想是不需要某种可感觉的东西的，即使这可感觉的东西不过是一些记号，就像字母的形状以及声音那样；虽然在这样的武断的记号和这样的思想之间，并无任何必然的联系。"②

莱布尼茨的天赋观念是一个复杂的系统，其中以单子概念为核心的形而上学处于最高层，其次是以"爱"为核心的伦理学，再次是逻辑学、数学等。形而上学、

---

① 莱布尼茨：《人类理智新论》，商务印书馆 1996 年版，第 7 页。
② 同上书，第 46 页。

伦理学与逻辑学和数学这些形式的科学不同，它们是有实质内容的，是与存在相关的，莱布尼茨严格地将这两种知识区分开来，认为前者是属于充足理由律范围之内的，后者则是从属于矛盾律。把握这两种知识的直觉能力当然也是不同的，形而上学和伦理学的天赋观念是那种实质的直觉所把握的，而逻辑学和几何学则是为形式的直觉所把握的。从沃尔夫到罗素的不少注释家试图从莱布尼茨的逻辑学推演出其形而上学，这显然是没有认识到这两种直觉的本质的不同。

为形式直觉所把握的几何学、数学的公理是基于矛盾律的，是一些同义反复的命题，其依据是概念的自明性，经验的助缘对于它们而言是非本质的，"这可感觉的东西不过是一些记号，就像字母的形状以及声音那样；虽然在这样的武断的记号和这样的思想之间，并无任何必然的联系"。① 为实质的直觉所把握的伦理学的、形而上学的天赋观念因为是与存在相关的，与感性经验的联系要密切得多，所以经验的助缘的作用显得尤为重要。

经验的助缘在此的作用是颇为微妙的，一方面，作为本质认识的变形，感性经验与先验的本质认识有着密切的联系，借助于某种类型的经验的助缘得以使散漫的

---

① 莱布尼茨：《人类理智新论》，商务印书馆1996年版，第46页。

注意力集中起来，以关注于天赋观念。另一方面，感性经验毕竟不是本质认识，这就需要某种"目光的转换"以超越感性经验达到天赋观念。

相比较而言，伦理学的天赋观念更容易被直观到，莱布尼茨说道："因为道德比算术更重要，所以上帝给了人那些本能，使人得以立即并且不必经过推理就能处理理性所要求的那些事。"① 与其他的天赋观念的潜在性不同，道德是以一种显现的方式、本能的方式存在的，表现为"爱"，是对盲目追求感官享受的经验自我的还原和悬置。这种"爱"当然不是在书斋中进行抽象的冥想的结果，而是在现实的日常生活中显露出来的，与感性经验是不可脱离的。

形而上学天赋观念不是通过感性经验或思维经验为助缘能简单地直接把握的，而是在道德经验中被直观到的（详见第六章）。对此莱布尼茨说道："天赋的公则只有通过人们给予注意才会显现出来；但这些人却很少有这种注意力，或者是只有对完全别样事物的注意力。他们几乎只想到身体上的需要；而超然的思想则是以更高尚的关心为代价，这是合理的。"② "天赋的观念和真理是不会被抹去的，但它们在所有的人（像他们现在那样）之中，都被他们趋于肉体需要的倾向，尤其常见的

---

① 莱布尼茨:《人类理智新论》，商务印书馆 1996 年版，第 59 页。
② 同上书，第 55—56 页。

是被无端发生的坏习惯弄糊涂了。这种内在之光的标志，如果不是感官的混乱知觉转移了我们的注意力，是会在理智中永远明亮，并且会给意志以热量的。这就是圣经也和古代及近代的哲学家一样常谈到的那种战斗。"① 由此可知，在莱布尼茨那里，对天赋观念尤其是形而上学的天赋观念的直观并不是一件轻而易举的事情，它需要与人的感官欲望作不懈的艰苦斗争，只有在将其折服之后，天赋之物才会像暴雨之后的彩虹一样显现出来，从而被直观到。

由上可知，莱布尼茨的实质的直觉的思想具有浓郁的伦理学色彩。在近代哲学中斯宾诺莎的哲学也非常注重伦理学，但总的来说伦理学是其哲学体系的最终结论，而在莱布尼茨那里，作为其哲学源头的直觉理论就与伦理学密不可分。因此，尽管莱布尼茨没有像斯宾诺莎那样写出完整的伦理学体系，但我们可以说伦理对于莱布尼茨哲学是更为本质的。

第三节　莱布尼茨直觉理论的现象学意味

尽管莱氏本人并未对实质的直觉的思想进行系统的阐述，很难说他有明确的现象学思想，但由前可知，他

---

① 莱布尼茨：《人类理智新论》，商务印书馆 1996 年版，第 69 页。

的思想中确实隐含有丰富的现象学方法的萌芽和雏形，而且含义复杂、意味独特，可暂时概括如下：

1. 绝对自明性的认识只存在于本质知识之中，其中形而上学、伦理学的先验的综合知识比几何学、数学的同一性命题更为本原、优越，是关于存在的知识。经验的认识是其不纯粹化和变形，类似于柏拉图的相论。

2. 这两种不同的先验知识是由不同的直觉能力所认识的，其中形式的直觉认识的是几何学和逻辑学的公理，它是基于矛盾律的概念的自明性；实质的直觉则把握形而上学和伦理学的天赋观念，正是这种实质的直觉与现象学的本质直观颇为类似。

3. 这种实质的直觉与感性经验有着密切的联系，它是借助于经验的助缘实现的。如果用现象学的术语说的话，那么实质的直觉与经验认识在意向行为的质料上都是指向存在物的，不像同一性命题最终以非存在的逻辑、数学为指向对象。实质的直觉与经验认识的不同根本在于意向行为的质性上，必须通过某种"目光的转换"改变经验认识的质性以达到先验的实质直觉，与此同时，意向对象由原来个别的经验对象转换为纯粹的集共相和殊相于一身的先验对象。实质的直觉实际上是一个现象学的本质还原的过程，它以感性经验开始，进而超越感性经验，将目光转换到先验的对象之上。

4. 这种实质的直觉对先验之物的把握是在克服感官欲望的前提下实行的，它具有浓厚的伦理意味，这使得伦理与认识、情感与理性紧密地融合在一起，这种融合是莱布尼茨哲学体系的基本特性之一。

如前所说，莱布尼茨的富于现象学意味的实质直觉的思想的提出是为了拯救在近代哲学中遭遇重重困难的本质认识，克服唯理论的抽象、空洞的逻辑主义和经验论的虚无主义。莱布尼茨的实质的直觉的思想是在近代的各种思潮的沃土之上生长出来的奇葩，而他的远祖则可以追溯到古代的神秘主义尤其是基督教神秘主义，正如伽达默尔所说："莱布尼茨既是伟大的逻辑学家，又是伟大的神秘主义神学家。"①

在神秘主义者看来，无论是感性经验还是逻辑推理都不能认识神，只有在沉思冥想和祈祷之中神的影像才会飘然而至。莱布尼茨无疑从神秘主义者的洞见中吸取了灵感，作为他的哲学沉思的核心方法的实质的直觉的思想超越了当时的狭隘的经验主义和空洞的理性主义，力图直接把握活生生的先验之物。而且他的直觉思想不仅具有浓厚的伦理色彩，还蕴涵着深刻的神学内容，"对莱布尼茨而言，哲学是沉思，哲学思考被理解为精神接受形而上学的准备。首先决定沉思本质的是最高单

---

① 参见伽达默尔为克里斯丁的 *Heidegger and Leibniz：Reason and the Path* 一书所作的序，p. X。

子与个别单子建立起来的表象关系：思想在上帝之中实现自身的看，即神的本质的直觉（最完美类型的知识）"。①神（最高单子）与人（个别单子）及其关系正是实质的直觉所要把握的首要内容。然而莱布尼茨毕竟不是神秘主义者，神秘主义者的体验只能用象征、比喻的方式来表达，拒斥理性的说明，作为一个伟大的理性主义者，莱布尼茨力图将直觉与逻辑融合统一起来，并使两者都上升到一个新的阶段（详见第四章）。

　　莱布尼茨的直觉理论的神秘主义色彩鲜明地表现在他生命的最后阶段所作的一个神奇的梦中，克里斯丁对此作了以下的论述：

　　"（莱布尼茨的晚期手稿'莱布尼茨的哲学之梦'）以这句话开始：'我对处于人群之中感到满意，但我对人的本性（nature）不满意。'莱布尼茨论述了他对人的本性、善与恶、自由与天命的思考：'一天，当我对这些思想疲倦时，我沉睡过去并发现自己处在一个黑暗的地方。'在降到冥府的过程中，只有一束微弱的光照着他来到一个俊雅的青年、一个天使面前，他为他指明了人生的意义，人的责任和归宿，指出了他的过去、现在和将来，以在一种时间的和道德的综合中的方式，更像是一个极乐的幻象而非理性的神学。

---

① 　Cristin. Heidegger and Leibniz: Reason and the Path, p.76.

　　"'你将成为我们中的一员，你将与我们一起从世界到世界，从发现到发现，从完善到完善。你将与我们一起承事最高实体，它超越于所有世界之上，注满了它们却不使自身分离。（……）因而将你的精神提升到所有的凡人和有死者之上，只把你的目光凝聚在上帝之光的永恒真理之中。'

　　"除了这个阐述的表达上的奇怪之外，这个哲学之梦至少表明了两个重要的理论特征：人的自由行动与神的前定和谐的复杂关系；把实证的知识吸收到绝对真理的最高等级之中。这第二方面是我们在此更感兴趣的，因为我们在其中看到莱布尼茨从理由律的逻辑向形而上学的转化。据 Jean Baruzi 所言，在这种转化中'逻辑的观点趋向于神秘的直觉'。

　　"确实，我们注意到一种逻辑的神秘主义的延展，……当我们解释莱布尼茨的武断句子'我以哲学家开始，以神学家结束'时必须注意，沿着这条思辨的道路，莱布尼茨并未放弃哲学家的习性去穿那不必要的神秘主义者的外衣。他仅仅试图标出他的本真的思想的界限：在从哲学家向神学家的激荡的转换中，他逐步揭示了他的思想的基调。"①

　　本章我们分析了莱布尼茨直觉理论的内容及其现象

---

　　①　Cristin, Heidegger and Leibniz: Reason and the Path, p. 95.

学意味，并说明了其伦理学、神学的涵义。以下我们将以此为视角审视莱布尼茨的哲学体系，将其哲学本原地建立在实质的直觉之上，在此过程中我们将更深入地揭示出这种直觉理论的现象学内涵。

第三章

以直觉把握为基础的本体论

——单子论的现象学维度

本章拟将莱氏本体论建立在自明性的实质的直觉之上，这虽然与普通哲学史的看法有所不同，但由前可知，这是合情合理的。而莱氏哲学的零散、非系统化的特征使这一思想未得到较好的贯彻和阐发。鉴于莱氏直觉理论与现象学方法有某些内在的一致之处，本章试图借鉴现象学的思想对莱氏哲学的这一面给出比较有条理的解释，揭示其哲学的现象学维度。

第一节　作为本体的单子

莱布尼茨的单子论无疑是西方哲学史上最引人注目的思想之一，它历来是研究者们争讼不已的话题。莱布尼茨的单子概念与逻辑学（谓词包含在主词之中）、自然科学（不可分的点与连续性问题）有着非常紧密的关系，但归根结底它是形而上学洞见的结果，是为实质的直觉所直接把握的。本节试图从纯粹的先验意识和意向性这两个方面揭示单子概念中所蕴涵的现象学意味。

一 纯粹的先验意识

与中世纪经院哲学以神为中心、以信仰为皈依截然不同的是，近代哲学是以人为中心的，追求严格的、具有某种自明性的知识，因而对自我的探求就具有某种核心的地位，这突出地表现在近代哲学之父——笛卡尔的思想中。笛卡尔为了寻找最具有自明性的认识，采用了普遍怀疑的方法，对一切事物打上了可疑的记号，他发现只有进行怀疑的"我"是不可怀疑的，因而得出了"我思故我在"的命题并将之作为其哲学演绎的出发点。如前所说，笛卡尔的这种做法具有某种现象学的"看"的意味，但由于他把"我"理解为思维的实体，最终仍堕入了以矛盾律为基础的概念分析的自明性。笛卡尔的思维实体学说不可避免地导致了心物分裂的二元论，这表明他的自我仍是有限的，没有达到纯粹的先验意识。

莱布尼茨一方面对笛卡尔的以"我思"为出发点表示赞赏，另一方面对他的"我思"的不彻底性表示不满，因而莱布尼茨说道："笛卡尔哲学当被看做只是真理的入门。"① 莱布尼茨指出:"我们应当把知觉与统觉或意识分开,这在下面就会看到了。就是在这一点上,笛卡尔派错得很厉害,他们认为那些觉察不到的知觉是不存在的,也就是这一点使他们认为唯有精神才是单子,没有禽兽的灵魂或别种的'隐得来希',因此他们和普通人一样,把长期的昏迷与严格的死亡混为一谈。"② 莱布尼茨所说的"知觉"是指主体的一切精神状态,他曾对之下了一个定义:"这个包含并表现单纯实体里面的一种'多'的暂时状态,不是别的东西,就是所谓知觉。"③ 他批判笛卡尔派将知觉与统觉或自我意识等同起来的做法,认为这将精神狭隘化了,从而导致了种种谬误。首先,这会将"长期的昏迷和严格的死亡混为一谈",它不但在常识上是错误的,而且使得心灵实体因失去恒存性和持续性而不成其为实体了。其次,笛卡尔的以思维为本质的心灵实体学说使他认为"没有禽兽的灵魂或别种的'隐得来希'",得出了"动物是机器"的武断结论,造成了心物分裂的二元论。

笛卡尔的心灵实体学说的重重困难并没有使得莱布尼茨像斯宾诺莎那样,将之抛到一边而转向绝对的一元

---

① 陈修斋、段德智:《莱布尼茨》,东大图书公司 1994 年版,第 23 页。

② 莱布尼茨:《单子论》,第 14 节。

③ 同上书,第 17 节。

论。因为笛卡尔的心灵实体学说与他的直觉理论密切相关，斯宾诺莎在抛弃了笛卡尔的心灵实体学说的同时将笛卡尔直觉理论中的现象学因素也扔到一边，而陷入了彻底的概念分析的自明性，或者说他的直觉是纯粹的形式直觉。莱布尼茨将在笛卡尔那里混为一谈的形式的直觉和实质的直觉较严格地区分开来，使具有浓厚的现象学本质直观意味的实质的直觉成为形而上学的根本方法，这使得他的单子能够克服笛卡尔的经验自我的残余，达到前我思、前统觉的纯粹的先验意识。

莱布尼茨的单子的提出还与近代哲学中的关于天赋观念的争论密切相关。自从笛卡尔提出天赋观念论之后，一直受到经验论者的激烈反对，其中以洛克的反对最为尖锐。他说道："说有一个概念印在心灵上面，同时又说心灵并不知道它，并且从未注意到它，这就等于取消了这种印在心上的说法。凡是心灵从未知道过、从未意识到的命题，都不能说是存在于心灵中的。"① 这段话有两层意思，首先，白痴和儿童并不知道人们所通常认可的命题，如"同一物不可能同时存在又不存在"等，因此并不存在着为人们所普遍同意的天赋观念；更重要的是，洛克的这种观念只有被觉察才能存在于心中的观点，是对天赋观念潜在说的沉重打击。洛克还说道："心灵之不

---

① 《十六—十八世纪西欧各国哲学》，商务印书馆 1975 年版，第 363页。

必永远思想,正如身体之不必永远动作似的;……知觉
并不是心灵的一种本质,乃是它的一种作用。因此,我
们虽然可以假定,思维是心灵所特有的一种作用,可是
我们并不必假定,它是永远思维,永远动作的。"① 由前
所说,笛卡尔的天赋观念实际上是一种思维,洛克则认
为心灵的本质并非是思维,而是一无所有的白板,只有
在感觉经验的激发下才产生思维。这样一来,天赋观念
就没有任何藏身之地了。莱布尼茨自然是维护天赋观念
论的。面对洛克的批评,他指出:"他(洛克)主张心灵
并不永远在思想的,特别是当我们熟睡无梦时,心灵就
没有知觉,而且他反驳说,既然物体可以没有运动,心
灵当然也可以没有思想。但是在这里我的回答和通常有
点两样。因为我认为在自然的情况之下,一个实体不会
没有活动,并且甚至从来没有一个物体是没有运动的。"②
莱布尼茨抓住了洛克哲学的形而上学的缺陷,他从能动
的实体观出发指出,心灵是必然有活动的,否则就不成
其为实体,因而心灵总是时时刻刻拥有观念的。但心灵
之拥有观念,并非像洛克所说的那样,要被觉察才行,
莱布尼茨从多方面论证了这种不被察觉的观念的存在。

第一,"我们有无数的知识是我们并不总是觉察,
甚至当我们需要它们时也还觉察不到;这就要用记忆来

---

① 洛克:《人类理解论》,商务印书馆 1959 年版,第 72—73 页。
② 莱布尼茨:《人类理智新论》,商务印书馆 1996 年版,第 8 页。

保持它们，并且要用回忆来把它们重新向我们呈现出来。"① 莱布尼茨认为人的记忆表明人心中有许多不被觉察的观念，并可借回忆使其呈现于意识之中。

第二，"我们要对我们的一切思想永远明确地进行反省是不可能的；否则心灵得对每一反省又进行反省以至无穷，而永不能过渡到一个新的思想。"② 他认为观念不可能永远被反省、被觉察，因之不被觉察的观念是势在必然的。

第三，莱布尼茨认为在无梦的睡眠和昏迷中，人虽然没有清楚的观念，但必然有未被觉察的观念，否则心灵就会因停止活动而不成其为实体了。

第四，莱布尼茨认为人的感觉是由很多微小的、觉察不到的部分构成的，例如海啸的声音就是由很多波浪的声音构成，我们虽然听不到每一个小的声音，但必须对它有某种感受，否则成千上万个零合在一起也不构成任何东西。

莱布尼茨所说的觉察不到的观念也就是微知觉，他认为正是微知觉构成了人格的同一性，"这些感觉不到的知觉，更标志着和构成了同一的个人。它们从这一个人的过去状态中保存下一些痕迹或表现，把它与这一个人的现在状态联系起来，造成这一个人的特征。"③ 由此

---

① 莱布尼茨：《人类理智新论》，商务印书馆 1996 年版，第 45 页。
② 同上书，第 92 页。
③ 同上书，第 10 页。

可见，无意识的微知觉是比思维、意识更为根本的东西，正是这种前反思的、前自我的"微知觉"，作为心灵的最基本的规定，这构成了单子的本质，是统觉、自我的基础和前提。这种无自我意识相伴随的微妙的精神状态无疑是不能为理性思维和感性经验所能直接认识的，而只能为实质的直觉所直观到。莱布尼茨将这种神秘的精神状态隐喻为"活的火，明亮的闪光"。①

　　莱布尼茨的这种思想使我们很自然地想到了萨特的"反思前的我思"。萨特认为："反思一点也不比被反思的意识更优越：并非反思向自己揭示出被反思的意识。恰恰相反，正是非反思的意识使反思成为可能：有一个反思前的我思作为笛卡尔我思的条件。"② 他认为这种非反思的意识是非位置性的，没有认识的那种二元对立，是与自身冥合的。"（如果）把意识还原为认识，事实上意味着把主体—对象的二元论引入意识，这种二元论是认识的典型形态。但是如果我们接受认识者—被认识者成对的法则，就必须要有第三项，以便使认识者反过来成为被认识者，而我们就面临这样一个两难推理：要么我们在'被认识者——被认识的认识者——认识者的被认识的认识者——……'的系列中的任意一项上停下来。……要么必须肯定一种无限的后退（观念的观念的

---

　　① 莱布尼茨：《人类理智新论》，商务印书馆 1996 年版，第 3 页。
　　② 萨特：《存在与虚无》，陈宣良等译，三联书店 1997 年版，第 20 页。

观念……），这是荒谬的。"① 萨特的这种对将意识等同于
认识的批判与上文所提到的莱布尼茨对非反思的微知觉
的存在的论证几乎是相同的："我们要对我们的一切思
想永远明确地进行反省是不可能的；否则心灵得对每一
反省又进行反省以至无穷，而永不能过渡到一个新的思
想。"正如施皮格伯格所说："（萨特的）笛卡尔主义通
过放宽意识概念的范围而有希望把一些以前人们认为超
出其范围的事实包容进来。这种扩大在很多方面让人想
到莱布尼茨通过增添他所说的'细小知觉'而扩大他的
知觉概念的做法。"② 实际上这种非反思、前认识的意识
与胡塞尔的现象学思想也是一致的，胡塞尔的现象学还
原主张将经验自我及其作用悬置起来，以达到直观的、
纯粹的意识。

　　莱布尼茨的"单子"一词，其希腊文意指：简单物、
单一性、一，莱布尼茨用这种"一"不仅是将单子区别
于无限可分的具有广延的原子，表示单子没有量的规定
性，是"形而上学的点"；同时也使单子与笛卡尔的以
"我思"为规定的心灵实体区别开来，单子的"一"意
味着它与一般的认识不同，它是先于主客二分的纯粹意
识，是以没有"我思"伴随的微知觉为根本规定的。正

　　① 萨特：《存在与虚无》，陈宣良等译，三联书店1997年版，第9—
10页。
　　② 施皮格伯格：《现象学运动》，商务印书馆1995年版，第707页。

是在这种为实质的直觉所把握的主客未分的微知觉的基础上莱布尼茨建立起了他的实体学说。正如费尔巴哈所指出的："由于单子的状况和性质只有通过与模糊的、混乱的表象和概念相类比才能加以思考和认识，而混乱的表象不仅具有人类学的意义，而且具有普遍的、形而上学的意义。"[①] 他的单子既是一般的，因为它没有任何经验自我的特性，是前我思前统觉的；同时它又是个别的，能被人们在内心中直观到，"如果我们本身不是存在者，不能在自身中发现存在，那么我们怎么可能拥有存在的观念"。[②] 因而莱布尼茨的单子的统一是特殊的统一，这无疑是与他的集个别与一般于一身的实质的直觉的学说相一致的。这在当时无疑是惊世骇俗的，在给一位友人的信中他不得不委婉地解释道："特殊的统一这个概念怎么会使你感到为难呢？因为对于统一概念来说，究竟存在物是特殊的或者是普遍的，这没有什么差别。"[③]

　　莱布尼茨通过对笛卡尔的"我思"的排除和还原获得了纯粹的主体性，这使得他的单子论克服了笛卡尔的心物分裂的二元论，成为了真正的一般存在论。海德格尔对此评论道："'如果我们本身不是存在者，不能在自

---

① 费尔巴哈：《对莱布尼茨哲学的叙述、分析和批判》，商务印书馆1985年版，第52页。

② Heidegger, The metaphysical foundation of logic, pp. 87—88.

③ 费尔巴哈：《对莱布尼茨哲学的叙述、分析和批判》，第35页。

身中发现存在，那么我们怎么可能拥有存在的观念。'
没有存在的观念我们不能是我们所是，即存在的理解对
此在是构成性的。我们自身是存在观念的源泉，但这个
源泉应被理解为此在的首要的超越，这就是从主体得出
存在观念的含义。仅仅就主体是某种超越的东西而言，
存在的理解才属于主体。通过求助于主体，莱布尼茨提
出和解决了存在问题。在莱布尼茨及其前辈和后继者那
里，这种对自我的求助仍是含糊不清的，这是因为
'我'自身并没有在它的本质结构及其特殊的存在方式
上被理解。这就是为什么莱布尼茨给人这种印象：对存
在者的单子论式的解释仅仅是拟人说和万物有灵论。但
莱布尼茨不应该被这样肤浅地对待，他企图给这种类比
以哲学上的说明：'因为事物的本性是一致的，我们的
本性不可能与宇宙中的其他实体完全不同。'这种解释
是一种一般的本体论原则，它自身还需要证据。"①

　　当然，莱布尼茨不可能像海德格尔那样明确地提出和
解决存在论问题，但他能够将一般存在论建立在主客未分
的纯粹意识之上，这在当时无疑是相当难能可贵的。

二　意向性

莱布尼茨对笛卡尔哲学的改造一方面是如上文所说

---

① Heidegger, The metaphysical foundation of logic, p. 88.

的纯化其"我思"以达到先验的主体性，赋予前认识的微知觉以本体论意义；另一方面则是将为笛卡尔所断裂开的主客体借助于意向性联系起来。莱布尼茨在谈到原始的事实真理时说到："它们是一些内心的直接经验，这直接是属于一种感受的直接性（immediation de senti-ment）。而正是在这里，笛卡尔派或圣奥古斯丁的我思故我在，也就是说我是一个思想的东西这条第一真理才适得其所。……因为不仅我思想对我来说是直接的明明白白的，而且我有不同的思想，以及有时我想着 A，有时我想着 B，如此等等，对我来说也都是完全一样明明白白的。因此笛卡尔的原理是对的，但它并不是它这一类中唯一的原理。"① 在他看来，主体不是孑然独立的，而是总是指向外物的，与客体紧密地联系在一起。即他的单子的"一"不是孤零零的"一"，而是"多中之一"。他说道："当我们发现我们所意识到的最细微的思想也包含着对象中的一种多样性时，我们就在自身中经验到了单纯实体中的一种'多'。因此凡是承认灵魂是一种单纯实体的人，都应当承认单子中的这种'多'。"② "这个包含并表现单纯实体里面的一种的'多'暂时状态，不是别的东西，就是所谓知觉，我们应当把知觉与

① 莱布尼茨：《人类理智新论》，商务印书馆 1996 年版，第 417—418 页。

② 莱布尼茨：《单子论》，第 16 节。

统觉或意识分开……"① 可见在莱布尼茨那里，知觉作为意识活动，无论是统觉的还是前统觉的，都与意识对象密不可分。

胡塞尔曾说道："在对单子的基本结构的论述中，莱布尼茨在感知（即知觉）、从一个感知到另一个感知的努力连续过渡的标题下，尤其是在实现非当下之物的特殊再现和感知的被意识之物的标题下，把握了意向性的根本特征并且对它们进行了形而上学的加工。但是总的来说，他仍然在偶尔的警句中，在预测和构想中停滞不前。"② 胡塞尔在此显然是在谈他的"视阈"或"晕圈"的概念。从《纯粹现象学和现象学哲学的观念》起，胡塞尔将意向性的领域推广到潜在的意向领域中，"现时被知觉的东西，多多少少清晰地共在的和确定的（或至少在某种程度上确定的）东西，被不确定现实的被模糊意识到的边缘域部分地穿越和部分地环绕着"。③ 即意向对象不是孤立地、封闭地被给予的，而是总是与其背景、环境、边缘域一起被给予的，这也就是意识活动的视阈。这种视阈既可以是时间性的，也可以是空间性的，从时间视阈的角度看，在当下的体验中有着过去

---

① 莱布尼茨：《单子论》，第 14 节。

② 《胡塞尔选集》，上海三联书店 1997 年版，第 1172 页。

③ 胡塞尔：《纯粹现象学通论》，李幼蒸译，商务印书馆 1995 年版，第 90 页。

的残余和未来的预期；从空间视阈的角度看，胡塞尔认为："所有这些在直观上清晰地或晦暗地或不明显地共同呈现的东西（它们构成了实际知觉场的一个常在的边缘域），并未穷尽一个在我觉醒时被我意识到'在身边'的世界。相反，在其存在的固定秩序中，它伸向无限。"[①] 即每个个别感知最终都处在普全的世界视阈之中。

由于种种原因，在任何意义上莱布尼茨的哲学思想都构成不了一个严格的体系，几乎对每一个论点他都未系统展开，却不乏一些闪光的思想片段让人回味不已。关于时间视阈，在莱布尼茨那里也隐约有这种思想，这主要体现在他认为知觉总是变动不居的，因而在单子当下的知觉中必有过去的残余和未来的展望，"既然一个单纯实体的任何现在状态都自然地是它以前状态的后果，那么，现在中就包孕了未来。"[②] 但在这里我们更为关注的是空间视阈问题，莱布尼茨说道："单子的本性既是表象，所以任何东西都不能限制单子只表象事物的一部分，虽然这种表象确乎在整个宇宙的细节方面只是混乱的，而只能在事物的一个小部分中是清晰的，就是说，只能在那些对于每一个单子说或者最近或者最大的

---

① 胡塞尔：《纯粹现象学通论》，李幼蒸译，商务印书馆1995年版，第90页。

② 莱布尼茨：《单子论》，第22节。

事物中，才是清晰的；要不然单子就会是一个神了。单子之受限制，并不是在对象方面，而是在认识对象时所采取的方式方面。单子都以混乱的方式追求无限，追求全体，但是它们都按照知觉的清晰程度而受到限制和区别。"① 即单子的知觉虽然只是清晰地指向"最近或者最大的事物"，但整个宇宙都作为边缘域被给予了。这与胡塞尔的观点是类似的。正是由于单子知觉的这种视阈的存在，使单子与宇宙紧密地联系在一起，"使每一个单纯实体具有表现其他一切事物的关系，并且使它因而成为宇宙的一面永恒的活的镜子。"② 正如克里斯丁所说："从纯粹的内心的探寻，从将世界奠基于自我的自身确定性，从意识的最高等级即自我意识的显明的优越性，转移到主体和世界之间关系的网状结构，这是莱布尼茨通过一个非常简单的本体论的移动而开启的：个体的单子实体从自身的观点表象和表达整个宇宙，但在这个活动中它也制造了需要超越自身的张力，以至于反映和同时就是整个宇宙。……在笛卡尔判定和表达为断裂的地方，莱布尼茨发现了联系，将思维的主体与被思维的事物之间的顽固的、不可消除的差异吸纳到'持续的和有规则的关系'之中，即吸纳到前定和谐之中。"③ 有

---

① 莱布尼茨：《单子论》，第 60 节。
② 同上书，第 56 节。
③ Cristin, Heidegger and Leibniz: Reason and the Path, p.73.

人从"单子是没有窗子的"出发得出了相反的结论，认为单子是孤零零的、无世界的存在，实际上，正如海德格尔所说："每个单子都是宇宙的观点，单子之间是和谐的。因而单子没有窗户，因为它们不需要。"①

　　莱布尼茨通过知觉的意向性使单子与世界处于混融、统一之中，但这不是一种静止的状态，而是一种动态的统一。"那种致使一个知觉变化或过渡到另一个知觉的内在原则的活动，可以称为欲求；诚然，欲望不能总是完全达到它所期待的全部知觉，但是它总是得到某个东西，达到一些新的知觉。"② 正是在这种内在的欲求的推动下，单子的知觉永恒地趋近着神的全知。由此莱布尼茨将实体定义为活动、力或活动力，认为"活动是实体的，本质属性。从实体中抽去活动，就不可能解释实体的存在"。③ 他把这种活动力与经院哲学的"能力"、"潜能"作了区别："活动力不同于学院中通常所说的活动的潜能。因为经院哲学家所说的活动的潜能或能力，不外是一种与活动临近的可能性，而这种可能性变成活动，还需要外界的激发，它仿佛需要刺激。活动力自身中却包含着某种能动性或'隐得来希'，它是活

―――――――――

① Heidegger, The metaphysical foundation of logic, p. 99.
② 莱布尼茨：《单子论》，第 16 节。
③ 费尔巴哈：《对莱布尼茨哲学的叙述、分析和批判》，商务印书馆1985 年版，第 209 页。

动的能力与活动本身的中介物，它包含着意向。因此它
不需要什么帮助就能达到活动本身。"[1]　莱布尼茨认为经
院哲学所说的"能力"、"潜能"是外因的、可能性的，
不属于实体，因为实体的活动是现实的、自由的，它的
动力是单子的内在欲求。这样莱布尼茨就首次将辩证法
引入了实体学说。斯宾诺莎固然也说到实体是自因的，
但他认为"自因，我理解为这样的东西，它的本质即包
含存在，或者它的本性只能设想为存在着"。[2]　他的自因
只是指逻辑上的独立存在性，并不具能动性，因此他的
实体是静止的、僵化的一元论。笛卡尔也把实体规定
为："我们只能看作能自己存在，而其存在并不需要别
的事物的一种事物。"[3]　他认为物质实体的本质是广延
的、机械的、被推动的，而心灵实体以思维为本性，这
种思维只是从天赋观念出发进行理性演绎，并无真正的
能动性。由此可知，实体的独立性并不等于实体的能动
性。莱布尼茨对笛卡尔和斯宾诺莎的实体定义进行了批
判："可见，存在着某种本身不是实体、尽管被看作像
实体那样独立的东西。因此，概念的这种独立性决不是
实体的特征，因为还必须增添某种对实体来说是本质的

---

① 费尔巴哈：《对莱布尼茨哲学的叙述、分析和批判》，商务印书馆
1985 年版，第 208 页。

② 斯宾诺莎：《伦理学》，商务印书馆 1981 年版，第 3 页。

③ 《十六—十八世纪西欧各国哲学》，商务印书馆 1975 年版，第 176
页。

东西。"① 这种本质的东西就是内在的欲求的活动力。
"事物的实体本身就在于它的活动力。如果把事物的这
种力量抽掉，那么事物就仅仅是上帝实体的短暂的变体
和幻影，或者上帝本身就是唯一的实体。——这是一种
声名狼藉的学说。……凡是不活动的东西，凡是不含有
活动力的东西，就决不是实体。"② 这是由于力才使得个
体单子成为实体。

　　值得注意的是，莱布尼茨的"欲求"、"力"是情绪
性的东西，是某种匮乏，是"感觉不到的痛苦"，"……
不安，这就是说，那种微小的、知觉不到的激动，它使
我们永远像悬在空中，那是一种混乱的决定，以致我们
常常不知道自己缺少什么，……这些冲动就像许多小弹
簧，它们尽力要自己放松，并使我们的机器运转起
来"。③ 因而莱布尼茨的存在论是建立在某种生存体验之
上的，如克里斯丁所说："但在反省中，如它在莱布尼
茨那里所表现的，我们也发现了（尽管以一种粗糙的形
式）超越和回忆的问题，投射（projection）和烦的问
题。……因而有可能在莱布尼茨的反省的思想中发现
Robinet 所说的'生存之根'，即'被体验为情感性、缺

---

　　①　费尔巴哈：《对莱布尼茨哲学的叙述、分析和批判》，商务印书馆
1985 年版，第 209 页。
　　②　同上。
　　③　莱布尼茨：《人类理智新论》，商务印书馆 1996 年版，第 152 页。

乏、等待、欲望和投射'的生存的原始的、基础的力。"① 莱布尼茨的这种建立在欲求的基础上的本体论不仅直接预示了叔本华、尼采的意志主义，也是存在主义的先驱。

让我们返回到意向性上，实际上在莱布尼茨那里不仅知觉具有意向性，欲求更有着意向性，如克里斯丁所说："分裂为知觉和欲求，反省分别指向纯粹的知识和存在。相关于知识，它是自我意识，是理智的统觉，而相关于存在，则是朝向超越的张力。"② 欲求的意向性是一种生存论的意向性，它是单子的自我超越的能力，它使得单子不断地克服自身的局限性，"是其所不是，不是其所是"，正是在它的推动下，知觉才不断地变迁，达到更高的清晰性。也正是这种欲求的自我超越性，使得人们在自身中领悟到存在。"如果我们本身不是存在者，不能在自身中发现存在，那么我们怎么可能拥有存在的观念。"正是在这个意义上，海德格尔说："单子论……规定了真实存在者的存在。"③ 虽然这种欲求是最根本的，但莱布尼茨并未因此陷入非理性主义，而是在欲求和知觉之间达到一种和谐、统一，认为欲求可以通过知觉、理性表达出来（详见第四章）。

---

① Cristin, Heidegger and Leibniz: Reason and the Path, p. 75.

② Ibid. , p. 74.

③ Heidegger, The metaphysical foundation of logic, p. 22.

　　总之，莱布尼茨通过意向性将主体和客体置于一种混融的和谐境界，进一步使单子成为普遍的存在。克里斯丁对此给予了高度的评价："莱布尼茨用主体和客体间的相互关联取代了笛卡尔哲学的核心思想：思维实体与广延实体的严格区分。个体的思维实体与偶性相关联，形成了单子—偶性结构，这超越了那时的所有的科学的、理性的思想，将我们带回到包括亚里士多德在内的古希腊思想家的本体论的融合。因而思维的实体不仅不与其自身相隔离，甚至与超越的客体性相关联。莱布尼茨沿这条道路走得如此之远以至于认为'思维自身'与'思维对象'互相归属：他甚至将这种关系描绘为'互为本原'（co-originality），这表明了前苏格拉底（特别是巴门尼德）主体的本体论的再发现，这后来在海德格尔那里得到了完整的发展。……将思维与思维对象描绘为'互为本原'（aeque originaria）意味着为思维的基本关系的重构准备了基础工作，这后来在胡塞尔和海德格尔那里发现了其稳固的哲学基础。"①

第二节　物质

　　在莱布尼茨的时代，占统治地位的是笛卡尔派的物

---

①　Cristin, Heidegger and Leibniz: Reason and the Path, p. 89.

质观，认为物质的本质是广延，其运动是机械的位置移动。在《新系统》中莱布尼茨回顾了自己思想的发展时说："我曾进入经院哲学家的藩篱很深，但当我还很年青的时候，数学和当代作家们，使我跳出那个圈子。他们那种机械地解释自然的美妙方式，吸引了我。我正当地鄙弃那些只使用形式和机能来解释自然的方法，因为从那里什么也学不到。此后，为了去发现一种因经验而使人认识的自然规律，我对力学原则本身进行了深入的探索，我发觉仅仅考察一个有广延的质量是不够的，还必须使用'力'这一概念，这一概念是十分明了的，虽然它属于形而上学的范围。"① 莱布尼茨与笛卡尔派在物质观上的冲突不仅是抽象的哲学之争，而且有着具体的自然科学的背景。莱布尼茨认为把物质仅仅看做是广延是不够的，这违反了经验事实。正如陈修斋、段德智在《莱布尼茨》一书中所指出的，"因为如果物质的本性就只是广延性，则如一个运动着的较小物体甲，来和静止着的较大物体乙相撞，就该使这物体乙也以同样的速度和物体甲一起向前运动，而事实并不是这样，物体乙或者是阻止了物体甲的运动，或者至少使它减低了速度。可见物体之间除了广延性之外，还有一种'抵抗力'，

---

① 《莱布尼茨自然哲学著作选》，祖庆年译，中国社会科学出版社1985 年版，第 66 页。

或不可入性"。① 由此出发莱布尼茨用运动力的守恒超越
了笛卡尔运动量的守恒，为自然科学的发展作出了重大
贡献。

　　由上可知，莱布尼茨认为物质不仅具有广延性，更
具有一种抵抗力或不可入性，而不可入性是一种更根本
的规定，是物质之所以有广延性的原因。这种不可入性
被莱布尼茨称作"初级物质"。在莱布尼茨看来，之所
以存在这种被动性的初级物质，是由于单子中包含了被
动性。他说："正如除了原始单子（即上帝）外，所有
单子都从属于感情一样，它们不是纯粹的力；单子不仅
是活动的根据，而且也是阻力性或被动性的根据，它们
的感情存在于它们的混乱知觉中。"② 这样莱布尼茨就把
对"初级物质"的说明与主体性联系起来，这正印证了
上节所说的在莱布尼茨那里主体与客体是浑然一致、不
可分离的观点。主体在指向客体的过程中必然发生某种
立义行为，单子将其混乱的情绪性赋予了客体，物质于
是获得了被动性的意义。

　　既然初级物质只是一种被动性，不能说明物质的运
动，莱布尼茨就认为物质不能仅仅是初级物质，它的本
质必须是力，即能动性。从主体这一方面来看，初级物

　　① 　陈修斋、段德智：《莱布尼茨》，台北东大图书公司 1994 年版，第 101 页。

　　② 　江畅：《自主与和谐》，武汉大学出版社 1995 年版，第 88 页。

质的意义根源是单子的被动性，但单子绝不仅仅是被动的，它更是能动的，其内在的欲求总是力图克服自己的局限性，力图达到更高程度的表象的清晰性，作为力的物质正是单子在意向行为中赋予能动性的结果。这样，每一个现实的物体就是初级物质加"隐得来希"，即被动性加能动性，这就是所谓的次级物质，而初级物质只不过是对它的抽象。莱布尼茨说道："物质要么被理解为次级物质，要么被理解为初级物质；次级物质的确是一个完全的实体，而不是一个纯粹被动的实体；初级物质是纯粹被动的，而不是一个完全的实体；必须进一步给它加一个灵魂或与灵魂类似的形式，那是活动的一种努力或原初的力，它本身是神意植入的一种内在法则。"① 可见次级物质不仅具有被动性更具有能动性，是单子的全面的、完整的意义赋予行为的结果。莱布尼茨将之称为是"神意植入的一种内在法则"，这固然表明了其理论的神学意味（这将在下节分析），也暗示了单子的这种意义赋予行为的先验性、客观性。

由此出发，我们可以来考察一下莱布尼茨的物质定义。在《人类理智新论》中他说道："物质，作为一种完全的东西（也就是和初级物质相对立的次级物质，初级物质是某种纯粹被动的东西，并因此是不完全的）来看，

---

① 江畅：《自主与和谐》，武汉大学出版社 1995 年版，第 90 页。

是一种堆集，或作为由堆集所产生的结果的东西，而一切实在的堆集都得假设有一些单纯的实体或实在的单元。"①莱布尼茨给（次级）物质下了一个古怪的定义：它是实体的堆集（初级物质在他看来并不是真正的物质，而是主观抽象的产物）。在《单子论》中，他更是简明地说道："单纯的实体是一定存在的，因为有复合物存在；因为复合物不是别的东西，只是一些单纯物的一个堆集或聚集。"②莱布尼茨认为单子无广延，不可分，是单纯之物，而次级物质因为有广延是无限可分的，因而是复合物。这固然可以成立，但当他进一步推论说因而物质就是单子堆集而成的，这就不甚严密了，至少在通常看来是不成立的。我们知道，莱布尼茨之所以提出单子，很大程度上是要克服伽森狄的原子既有广延又不可分的矛盾，但当他沿用原子论者的作为复合物的物质是由单纯物堆集而成的理论时，却陷入了更大的矛盾：即作为无广延的精神之点的单子无论如何堆集也构成不了有广延的物质，因为无数个零相加仍然是零。另外他把单子与物质之间的本体与现象的关系归结为堆集与被堆集的关系无疑是用量的区别替代了质的区别，这也是不成立的。尽管这种堆集说存在着明显的漏洞，但令人奇怪的是这种说法却在莱氏著作中反复出现，这不能不使人联想到在表面上矛盾的堆集说之后隐

---

① 莱布尼茨：《人类理智新论》，商务印书馆1996年版，第434页。
② 莱布尼茨：《单子论》，第2节。

藏着某种更深层次的东西。实际上这种更深层次的东西就是前文所说的主体的立义行为，能动性的客观物质不是哪一个主体的立义行为的结果，而是无数的主体的共同的立义行为的产物，或者说是一种视阈交融的结果。这还表明，先验主体以一种共在的形式存在于世界之中，在本原状态之中，主体之间、主客之间处于一种水乳交融、不分彼此的状态，这正是前定和谐的本原含义。分离是经验自我的抽象作用的结果。这就是所谓的物质是单子的堆集这一说法的理论渊源。可见堆集说只是一种通俗的、不严格的、比喻性的说法，由此也可看到，莱氏哲学中的历来为人所诟病的、将通俗说法和严格的形而上学意义混为一谈的做法，的确为后人理解他的哲学带来很多障碍。

　　莱布尼茨的这种物质观在哲学史上有着重大的意义。他通过主体的立义行为将能动性、力赋予了物质，通过悬置经验自我、进行本质直观之后，物质以崭新的面貌被给予，即次级物质。这种立义行为实际上是一种"同感"、"移情"，在单子的先验的意识活动的"同感"作用之下，被动的、机械的物质被充实为能动的、活生生的力，另一种"我"。世界以诗意的形式呈现出来，机械的因果作用被意识活动赋予了目的论的含义，从而突破了近代占统治地位的僵化的机械的自然观。他说道："物质到处都是有机的，丝毫没有虚空的、多余无用的或被忽视的东西，没有什么过于齐一的东西，一切都是千变万化的，但又秩序井然，还有超乎想象之外的是，整个宇宙，都作为缩影，但以不同的光景，在它的每一部分，甚至在它的每一实体的单元之中。"① 由此可见莱布尼茨的有机的物质观还具有一种独特的普遍联系的意义：一即一切，一切即一。其原因如下：既然知觉的意向内容是整个宇宙，而知觉是没有部分的，这样知觉的内容在物质的极小的部分中的显现都是完整的，因此他说道："在物质的最小的部分中，也有一个创造物、生物、动物、'隐得来希'、灵魂的世界。"② "物质的每个部分都可以设想成一座充满之物的花园，一个充满着鱼的池塘。可是植物的每个枝丫，动物的每个肢体，它们的每一滴体液，也是一个这样的花园和这样的池塘。虽然花园中植物与植物之间的泥土和空气、池塘中鱼与鱼之间的水并不是植物也不是鱼，然而却包含着植物和鱼，不过常常极为细微，是我们觉察不到的。"③ "只要有上帝那样看透一切的眼光，就能在最微末的实体中看出宇宙间事物的整个序列。"④ 莱布尼茨的知觉在此达到异常恢弘、华丽而又神秘的境界：主体之间、主客之间互相混融、互相渗透，使整个宇宙成为和谐的、庞大的

---

① 莱布尼茨：《人类理智新论》，商务印书馆 1996 年版，第 33—34 页。

② 莱布尼茨：《单子论》，第 66 节。

③ 同上书，第 67—68 节。

④ 莱布尼茨：《人类理智新论》，商务印书馆 1996 年版，第 10 页。

生命之网。而这整个的和谐宇宙又完整地融摄到物质的每一个最小的颗粒之中，在更微妙的层次上进行着更宏大的混融、牵连。这种难以言传的情景与华严宗哲学中的重重无尽的因陀罗网境界颇有类似之处。

第三节　上帝

上文解释了莱布尼茨哲学中的主体、客体之间的混融、和谐的状态，进而我们要分析这个和谐的体系中的非常重要的一维——上帝。然而上帝这一概念在莱布尼茨那里却是较为含混的，在研究者中引起了广泛的争论。例如，费尔巴哈、罗素等人认为上帝与单子在本质上是相冲突的，对上帝的推崇必损害单子的独立和自由；而另外一些研究者如沃尔夫、雷谢尔等人则将上帝置于核心的地位，试图从上帝出发演绎出莱布尼茨的整个哲学系统，当他们这样做时也确实给单子的能动性抹上了浓重的阴影。实际上如下面将要指出的，这种神与人之间的冲突在意向性之下可以统一、和谐起来。

罗素认为："在莱布尼茨那里，为了证明上帝的存在，有四个不同的证明。就我所知，其中只有一个是他本人的发明，而这一个却是这四个证明中最差的一个。这四个证明是：本体论证明，宇宙论证明，从永恒真理作出的证明（即永恒的必然真理存在于上帝的理智之中）和从前定和谐作出的证明（即上帝是主体之间、主客之间互相协调的原因）。"① 实际上作为分析哲学家的罗素忽视了伽达默尔所说的莱布尼茨不仅是一个伟大的逻辑学家也是一个伟大的神秘主义者这一事实，在莱布尼茨那里还隐含着基于直觉的、对上帝的意向性的证明。

　　莱布尼茨认为，通过返观内心我们发现，单子欲求着最大的、彻底的知觉的清晰性，同时也欲求着最大的善，而这种全知全善对于有限的单子来说是不可企及的，只能像天上的星辰一样指引着精神的旅程。这种作为单子的欲求的最终的意向对象的全知全善也就是神。"在上帝之中有权力，权力是万物的源泉，又有知识，知识包含着观念的细节，最后更有意志，意志根据那最佳原则造成种种变化或产物。这一切相应于创造出来的单子中的主体和基础、知觉能力和欲望能力。不过在上帝之中这些属性是绝对无限或完满的，而在创造出来的单子或'隐得来希'中，则只是按照具有完满性的程度而定的一些仿制品。"②

　　这是一种从人到神的思维方式，莱布尼茨说道："上帝观念包含在人的观念之中，因为我们排除了对我们的完美性的限制，正如绝对空间包含在地球观念之中

　　① 罗素：《对莱布尼茨哲学的批评性解释》，段德智、张传有、陈家琪译，商务印书馆 2000 年版，第 209 页。
　　② 莱布尼茨：《单子论》，第 48 节。

一样。"① 费尔巴哈则将之称为莱布尼茨的"人类学的神学","这就是说,上帝是那不受限制的人的本质,是那被想象为没有界限、没有缺陷和错误的人的本质,因而是人的典范、人的理想。"② 因而上帝就不是高高在上的绝对权威,而是与人紧紧地联系在一起,莱布尼茨说道:"他不仅仅是一种超世界的心智,是并不远离我们每个人的,因为我们(以及一切事物)都在他之中生活,运动,并具有我们的存在。"③ 克里斯丁评论道:"对莱布尼茨而言,有关本原的思想接近某种神学的思想,但有个决定性的区别,这个思想不是源于神的角度,而是源于单子间的和谐。在这种思想方式之下,绝对就不是太上单子,而是单子论。"④正是借助于意向性的概念,莱布尼茨克服了传统神学中的神与人之间的冲突,在推崇神的同时为人的独立自主提供了保证,不致使人沦为神的阴影和幻象,而是"每一个精神在他自己的范围内颇像一个小小的神"。⑤ 这种思想也使莱布尼茨摆脱了传统基督教的厌恶尘世的阴郁、悲惨的面貌,而

---

① 费尔巴哈:《对莱布尼茨哲学的叙述、分析和批判》,商务印书馆1985年版,第199页。

② 同上书,第199—200页。

③ 《莱布尼茨与克拉克论战书信集》,陈修斋译,武汉大学出版社1983年版,第111—112页。

④ Cristin, Heidegger and Leibniz: Reason and the Path, p. 94.

⑤ 莱布尼茨:《单子论》,第47节。

表现出了类似古希腊的那种欢快、明朗的气息。在莱布尼茨那里，存在论即非以神为中心的、也非以人为中心的，而是一种关系论，在其中神、人、世界互相贯通、混融一片，形成一种微妙的"前定和谐"，或者是如克里斯丁所说的"一个分成三层的拓扑学"，这正是为先于主客分立的实质的直觉所把握到的。

　　在谈到神秘主义者的启示经验时，莱布尼茨指出："他们通过光的方式来认识，事物携带着光，光在他们灵魂中闪亮。"[1]他无疑吸取了神秘主义者的这种主客合一的直觉方式，"光"的隐喻在他的思想中占有着重要的地位：他不但将单子隐喻为"活的火、明亮的闪光"，上帝的创世活动也被他隐喻为"连续闪耀"，"只有上帝是原始的统一或最初的单纯实体，一切创造出来的或派生的单子都是它的产物，可以说是凭借神性的一刹那的连续闪耀而产生的，神性是受到创造物的容受性的限制的，对于创造物来说，有限乃是它的本质。"[2] 在闪耀中世界被创造、被反映在神的无限中：通过闪耀的方式小宇宙和大宇宙在神的视野中融合起来。"光的放射的影像在此被采纳到存在—神学的框架之中，其中光的接受跟随着闪电的行动，其根源在雷击的创造性的力量中，与赫拉克利特相似。但在这种情况下，闪电的光不是宇

---

[1]　Cristin, Heidegger and Leibniz: Reason and the Path, p. 27.

[2]　莱布尼茨：《单子论》，第 47 节。

宙论的根据，而是上帝的隐喻。在对该隐喻的神学运用中，莱布尼茨追随了德国神秘主义的传统，如 Angolus Silesius 的箴言：'神是永恒的雷电。'莱布尼茨从神秘主义所吸取的：将雷击的隐喻与创造的概念联系起来，上帝的看（the vision of God），与上帝合一（union with God），上帝在灵魂中被反映。"①

正是在神的连续闪耀之中，单子和世界获得其存在并不断运动。在这种连续闪耀之中，神、人以及世界处于一种混融、忘我的游戏之中，这正是莱布尼茨的"前定和谐"的本真的含义。正是因此，德国现象学家芬克甚至将莱氏的"连续闪耀"类比为海德格尔的"Lichtung"，克里斯丁对此评论道："欧根·芬克将这个创造理论视为是基督教在形而上学上的最高表达。他在莱布尼茨那里发现了一个思考海德格尔意义上的开启（open）的事件的意图（尽管是不充分的和充满了未解决的困难）。芬克甚至将 fulguration 翻译为 Lichtung，……他认为莱布尼茨'用非常大胆的概念意向 Lichtung 来阐释创造'。在雷击的火光中，世界就像被神的理智的放射所铸造：在这个闪亮中，一个明亮的开启被显现，在其中闪电的光亮没有被打断，而是作为单子和被创造的世界的本质持续着（即连续闪耀）。……然而，对莱布尼茨而言，fulguration 涉

---

① Cristin, Heidegger and Leibniz: Reason and the Path, p. 27.

及的是从无限的观点看的神与人的关系，对海德格尔而言，看与光的联系表明作为从生存的有限性的角度的存在与此在的关系的基础的问题。"①

---

① Cristin, Heidegger and Leibniz: Reason and the Path, p. 28.

第四章

逻辑学与直觉理论的统一

前一章我们从莱布尼茨的实质的直觉出发，揭示了他的本体学说所蕴涵的直观的、现象学的维度，然而莱布尼茨哲学所广为人知的毕竟是其逻辑推论、理性演绎的一面。笔者并不认为莱布尼茨像某些研究者所认为的那样拥有两套哲学，其中好的留给自己，糟的用以应付王公贵族，从根本上说，他的哲学中看似对立的两个方面实际上是统一的、和谐的。本章试图揭示莱布尼茨逻辑学的直觉的、形而上学的根源，将其哲学的逻辑推演的维度奠基于、统一于直观的现象学维度。

第一节　逻辑学的基础

一　逻辑的必要性

莱氏固然认为本质直观所获得的"直觉知识"是最高的知识，但认为只有少数人能直接通过直观得到这种

知识，一般人是要透过逻辑、数学训练一步一步地达到
最高知识：首先掌握逻辑、数学本身；其次将之运用于
现实世界；最后以之获得哲学知识，并将之付诸实践。
莱布尼茨将之分为以下几个步骤：

"（1）人们必须从有关数字和线条的数学开始。

（2）人们必须设法将之运用到实例上，也就是说运
用到运动律、事件的评估、法学等，简言之，运用到在
我们能力之内的较为微妙和精细的问题上。但它们对细
心的要求比起在纯数学中要远为本质，因为在算术和几
何中帮助我们获得确定性的尝试和想象，在这类有关半
非形体的事物的问题中开始抛弃我们，例如运动、力、
快乐、可能性的等级和法律：这将把我们导向完全抽象
的事物，因为没有办法通过尝试的方法来获得确定性。

（3）因为从这一等级人们必须达到第一哲学或上帝
和灵魂的知识。再加上能给启示的信仰提供充分的基础
的东西。

（4）在这一基础上人们必须建立一个良好的道德。

（5）人们能将剩余的时间分配给生活的责任、交
谈、感官快乐、经验、想象和抽象的沉思。

（6）最后，到目前为止已为将来采取了措施
（……），人们将习惯于不断地将自己赞同的规则付之
实践。

（7）以这种方式人们将在深刻的平衡中度过剩余的

日子，带有一种超过世上任何甜美事物的满足。

一些足够强大的精神能够从第三点开始，特别是当他们足够幸运能运用他人的完全有根据的证明的时候。"①

克里斯丁对此评论道："一方面，莱布尼茨在看的知识中、在设计为沉思的密教的、带有引导入门的和准神秘主义的言外之意的启示的哲学中，建构他的反省；另一方面，他沿着以下的方向前进：即一种几乎是应用的规则的公开的系列，一种任何愿意追随他的人都可看到的规则的教学手册。莱布尼茨的方案应该在这种双重的、无法分开地联系在一起的方式中解读；它是一种为思想开出的'如何'。"② 即他认为莱布尼次哲学的直观的维度和逻辑的维度紧密地联系在一起，无法单独分开。

前面曾提到，莱布尼茨将知识划分为成对上升的系统：从清楚的认识，其反面是混乱的认识；到明白的认识，其反面是模糊的认识；再到充分的认识，其反面是不充分的认识；再上升到直觉的认识，其反面是象征的认识。可见，在他那里整个知识系统是从低到高的、互相联系的动态发展过程，逻辑的、概念的知识以直觉的知识为其归宿。

---

① Cristin, Heidegger and Leibniz: Reason and the Path, p. 81.
② Ibid., pp. 80—81.

莱布尼茨的逻辑与直觉相统一的思想还意味着直觉的体验具有逻辑地、理性地言说的可能。与历史上的神秘主义者排斥概念思维不同的是，他非常强调理性的作用，力图将神秘的直觉体验纳入到理性的、逻辑的结构之中，避免其走向迷乱、狂信的歧途。以此莱布尼茨将神秘主义者所体验到的精神的深邃与近代文明所展现出的精神的前所未有的宽广融入其哲学之中。

二　主谓项逻辑

莱布尼茨的逻辑学主要表现为主谓项逻辑，他说道："谓项或后件总是存在于主项或前件中，而且一般说来，真理的本性就在于这个事实。……这在每个肯定性真理中，不管是普遍的还是个殊的，必然的还是偶然的，都是真的。"① 莱布尼茨的逻辑学与形而上学的关系一直是研究者们争讼不已的话题，库图拉特、罗素等人主张其形而上学是从逻辑学中推演出来的，这实际上是将莱布尼茨哲学等同于笛卡尔、斯宾诺莎的从逻辑到存在的路线，应该说这是不符合事实的。罗素本人也多少意识到了这一点，一方面他认为"莱布尼茨的形而上学是他从他的主谓项逻辑学中推演出来的"②，另一方面他

①　罗素：《对莱布尼茨哲学的批评性解释》第二版序，商务印书馆2000年版，第15页。

②　同上。

又不得不承认在莱布尼茨得以推演出他的哲学体系的几个哲学前提之间存在着内在的矛盾。他认为莱布尼茨哲学的主要前提有以下五个：

"（1）每个命题都有一个主项和谓项。

（2）一个主项可以具有若干个关于存在于不同时间的性质的谓项（这样的主项被称作实体）。

（3）不断言处于特定时间的存在的真命题是必然的和分析的，而那些断言处于特定时间的存在的真命题者是偶然的和综合的。后者依赖于终极因。

（4）自我是一个实体。

（5）知觉产生关于外部世界即关于我自己以及我的状态之外的存在物的知识。"①

罗素认为莱布尼茨哲学的根本困难就在于第一个前提与第四、第五个前提之间的矛盾。作为一个分析哲学家，罗素清醒地意识到，第四、第五个前提的单子论的存在学说不能像第二、第三个前提那样隶属于第一个前提的主谓项逻辑，这两者完全是不同领域的东西。因而他就满足于将这两者作为莱布尼茨哲学的根本矛盾机械地并列起来。

笔者认为，总体来说罗素所指责的矛盾在莱布尼茨那里并不存在，实际上他是将主谓词逻辑奠基于存在论之上的，尽管他未对之作出深入、细致的说明。在《形

---

① 罗素：《对莱布尼茨哲学的批评性解释》，商务印书馆 2000 年版，第 4 页。

而上学论》中他说道："如果一些谓词是某个主词的属性，而这个主词不是其他主词的属性，那么我们称之为个体实体，但这是不够的，这种解释仅仅是名义上的。因而我们必须询问某一主词的属性在事实上是什么。很显然，每一个真的命题在事物的本性中有某种基础。"①即逻辑学的说明只是名义上的，必须在存在论上寻找其根源。他认为正是由于忽视了逻辑学的形而上学基础，那种将形而上学从逻辑学中推演出的做法使得"在过去它几乎只是由一些空洞的词语构成的"。② 这显然是在批判笛卡尔、斯宾诺莎等人的逻辑主义的思想。但莱布尼茨本人并未对逻辑学究竟如何奠基于形而上学作出清楚的说明，这就难免在研究者那里众说纷纭甚至得出相反的结论，下面力图对此进行较深入的说明。

首先值得注意的是莱布尼茨的主谓词逻辑（谓词包含于主词之中）并不仅仅是一个逻辑学的常识，诚然主谓词逻辑是亚里士多德所提出并为后世所广泛采用的，但莱布尼茨赋予其以独特的含义，与亚里士多德的逻辑学有着很大的不同，这可从以下两个方面进行说明：

第一，亚里士多德在《范畴篇》中说道："实

---

① Leibiniz, Discourse on metaphysics, Correspondence with Arnauld and Monadology, translated by DR. George R. Montgomery. p. 13, the open court publishing CO. 1918.

② 《莱布尼茨与克拉克论战书信集》，陈修斋译，武汉大学出版社1983年版，第39页。

体，……乃是那不可以用来述说一个主体、又不存在于一个主体里面的东西，例如某个个别的人或某匹马。"①由此可知在亚里士多德那里谓词可以表述一个主词但并不总是存在于主词之中，而且他所说的"存在于主词之中"是指不能离开主词而存在。莱布尼茨则认为所有真判断的谓词都存在于主词之中，这种"存在于主词之中"是指谓词是主词概念的一部分，而非像亚里士多德所说的那样不能离开主词独立存在。

第二，亚里士多德在本质属性与偶然属性之间作出了区分，认为只有本质属性才可能存在于主词之中。莱布尼茨则反对这种区分，认为无论是本质属性还是偶然属性都可以存在于主词之中。与之相应的思想是他认为无论是必然真理还是偶然真理其谓词都包含于主词之中。

与一般的逻辑学比较起来，第二点正是莱布尼茨主谓词逻辑的特色所在。因而遭到了很多人的反对，如威廉与马特·克里勒认为："莱布尼茨哲学的特色很大程度上在于将特称判断与全称判断的法则混为一谈……就好像某个个体的概念或本质必然包括所有能够表述这个个体的属性。"② 诚如其所言，莱布尼茨哲

---

① 《古希腊罗马哲学》，商务印书馆 1982 年版，第 309 页。

② G. W. Leibniz: Critical Assessments , Vol. I , p. 84, London and NewYork , 1994.

学的特色很大程度上在于他的独特的主谓词逻辑，但他之所以要违反逻辑学的常识绝非一时冲动的草率行为，而是深思熟虑的结果，正是他的形而上学导致了其主谓词逻辑。

我们知道，莱布尼茨的主谓词逻辑与他的实体—属性结构是相对应的，这也就是他所说的"每一个真的命题在事物的本性中有某种基础"。莱布尼茨的实体是主体，因而实体对属性的统一与人格的同一性问题密切相关，他说道："我的内在经验后天地使我相信这种统一，但必须也存在着先天的理由。……即在前的时间和状态中的我的属性与随后的时间和状态中的属性是同一主词的谓词。"① 在前一章中我们还提到了对人格同一性的先天的直觉的把握："这些感觉不到的知觉，更标志着和构成了同一的个人。它们从这一个人的过去状态中保存下一些痕迹或表现，把它与这一个人的现在状态联系起来，造成这一个人的特征。"② 结合这两段话我们可得出以下结论：即莱布尼茨认为仅靠感性经验的归纳法是不能真正保证人格的同一性的，这种同一性的先天性可由微知觉的前我思的直觉所直接把握，但莱布尼茨并不满足于这种直觉的把握，他还力图给予其逻辑的说明，使

① Leibniz, Correspondence with Arnauld and Monadology, pp. 112—113.

② 莱布尼茨：《人类理智新论》，商务印书馆1996年版，第10页。

直觉的形而上学内涵可以通过逻辑表达出来，这就是他之所以突破一般逻辑学提出凡是真判断的谓词都包含在主词之中的主谓词逻辑的根源所在。

一般逻辑学认为主谓词逻辑是同义反复的同一性判断，莱布尼茨则突破了这一限制，用他的术语来说就是，主谓词逻辑不但包含了同一性的必然真理，还包括了不能归结为同一性的偶然真理①。在他看来，必然真理是关于逻辑世界的，偶然真理是关于现实世界的，这样莱布尼茨的主谓词逻辑就不单是逻辑世界的法则，它也将存在领域包含于自身之中，正是因此莱布尼茨才得以克服笛卡尔、斯宾诺莎等人的空洞、抽象的唯理论，使逻辑与存在联系起来。

既然传统逻辑的抽象的同一性不能说明莱布尼茨的主谓词逻辑的本质，那么其本质究竟是什么呢？莱布尼茨本人虽未对此进行直接的定义，但可从他的一些其他论述中找到答案。在《莱布尼茨的未发表的短篇与论文集》中有以下的论述："存在可以被定义为这样一种东西，这就是与之可共存的事物要比同它本身不可共存的

---

① 固然，莱布尼茨认为在上帝看来偶然真理也可归结为同一性命题，但这是人的智力永远也达不到的，因而对人而言偶然真理永远是非同一性的命题。本书之所以采取这种以人为中心的观点还因为，笔者认为在我们这个时代来谈论上帝的知识能力问题，如果不是毫无意义的至少也是价值不大的。

事物为多。"① "存在就是那种同大多数事物可共存的存在者，也就是最大可能的存在者；这样，所有共存的事物就都同样是可能的。"② 在此莱布尼茨认为凡是可共存的事物都是可能的，而存在是最大的可共存性。联系到他的可能世界与现实世界学说其意义就很明显了，莱布尼茨认为逻辑的观念组成了可能世界，这样的可能世界有无数个，每一个可能世界都具有不同程度的可共存性，其中具有最大的可共存性的世界就是现实世界。由此可知莱布尼茨的主谓词的本质是可共存性，它包括同一判断内部的主谓词之间的可共存性，并延伸到不同判断之间的可共存性。由此出发，主词与谓词之间的统一性就不是空洞的同一性，而是可共存性，即有差别的统一。这无疑是开了黑格尔的辩证逻辑的先河。

在《逻辑的形而上学基础》一书中海德格尔正是从这种可共存性出发以试图将莱布尼茨的逻辑真理与直觉真理统一起来，他说道："真理的两个定义之间有什么联系呢？更确切地说，同一性与被直觉充分感知之间是否有一丁点联系呢？似乎没有，同一性究竟意味着什么呢？事物的内容与自身可共存，因为只有通过可共存它才是可能的。作为冲突的不可共存性分裂了事物的本

---

① 罗素：《对莱布尼茨哲学的批评性解释》第二版序，商务印书馆2000年版，第11页。

② 同上。

质，它裂成碎片不能存在。在充分的知识中被认识的是事物的相互可共存性的首尾一致的联系。充分的知识是对多样性的和谐的完全把握。判断是同一性的联系，这表明在联系中被把握的东西并未破碎，并未自身冲突，所有的东西都是统一的，作为特性，与一和相同（one and sameness）相关，与事物之所是相关，与在其同一性中的同一者相关。从根本上同一性并不是指取消了差别的空洞的一致性，相反，它意味着在无冲突的可共存性中的真实的特性的完全的丰富性。同一性不是一个表示所有差别消失的否定性的概念，相反，它是表示差别的同调的统一的观念。"① 在得出判断的本质是可共存性之后，他得出结论："如果同一性的统一意味着可共存的和谐，那么很明显，真理的本质的两个特征：作为等同（the sameness）真与作为被充分感知的真就意味着同样的事情。"② 之所以如此是因为直觉所把握的形而上学真理——单子论的内涵就是主体、世界以及神的共存与和谐。

此外，海德格尔还将莱布尼茨的这种逻辑的统一性归结为形而上学的单子论的统一性："判断是连接，更确切地说，是包含。是真的只意味着是同一的。多样性的结合需要在先的统一来调控。只有存在者自身为原始

---

① Heidegger, The metaphysical foundation of logic, p. 68.

② Ibid. , p. 69.

的统一所构成时，作为就存在者判断的样式的归结为统
一性，才是形而上学的可能的。莱布尼茨在实体的单子
式的结构中看到了这种统一性。因而，存在者的单子式
的结构是判断理论和真理的同一性理论的形而上学的基
础。"① 从而他得出与库图拉特、罗素等人截然相反的结
论："因而莱布尼茨的真理的逻辑只有在实体的单子式
的形而上学的基础之上才是可能的。这个逻辑本质地具
有形而上学的基础。它真正是真理的形而上学（the met-
aphysics of truth）。"②

第二节　充足理由律

为了对主谓词逻辑进行进一步的说明，莱布尼茨认
为思维具有两种不同的原则，在《单子论》中他说道：
"我们的推理是建立在两个大原则上，即是：（1）矛盾
原则，凭着这个原则，我们判定包含矛盾者为假，与假
的相对立和相矛盾者为真。以及：（2）充足理由原则，
凭着这个原则，我们认为：任何一件事如果是真实的或
实在的，任何一个陈述如果是真的，就必须有一个为什
么这样而不那样的充足理由，虽然这些理由常常总是不

---

① Heidegger, The metaphysical foundation of logic, p. 101.
② Ibid., p. 103.

能为我们所知道。"① 与之相对应，他把真理也分为两种："也有两种真理：推理的真理和事实的真理。推理的真理是必然的，它们的反面是不可能的；事实的真理是偶然的，它们的反面是可能的。"② 莱布尼茨将思维的原则划分为矛盾原则和充足理由原则，矛盾原则是形式的规定，它要求一个命题不能自相矛盾，这实际上是要求命题的同义反复性，即是"推理的真理"或"必然真理"。矛盾原则适用于观念世界的纯形式的科学如逻辑学、数学等。充足理由原则是实质的规定，是运用于现实世界的，是与存在相关联的，与它相应的真理是"事实的真理"，它不是同义反复的分析命题，其反面是可能的，因而又被称作"偶然真理"。正因为这种真理是偶然的，不能归入矛盾律的范围之中，才需要"充足理由"来加以说明。

莱布尼茨明确地将充足理由原则作为他的形而上学的原则，在《以理性为基础的自由与神恩的原则》中他说道："我们像十足的自然科学家那样，扯得太远了。现在我们必须上升到形而上学，利用那不常使用的伟大的原则，这个伟大的原则断言没有充足理由，就没有东西能够发生，那就是说，如果没有可能给一个应该充足了解事物的人以充足的理由，去确定何以事物是这样而

① 莱布尼茨：《单子论》，第 32 节。
② 同上。

不是那样的话，就没有东西能够发生。这个原则既然能成立，那么，我们被正当提问的首要问题是：为什么宁愿有某些东西而不愿什么也没有呢？这是由于，‘虚无’比‘某些东西’更加简单，更加容易。进一步说，假定事物必须存在，我们就必须能给以理由来说明为什么它们必须这样存在而不是别样。"[1] 可见，充足理由原则是关于存在以及如何存在的原则，莱布尼茨将之视为是其哲学的根本所在："推翻这条原则就会推翻整个哲学的最好部分。"[2] 他认为以往哲学特别是笛卡尔、斯宾诺莎等人的将矛盾原则应用于哲学的结果是使形而上学成了没有根基的抽象之物。而"充足理由原则……改变了形而上学的状况，形而上学利用它们已变成实在的和推理证明的（demonstrative）了，反之，在过去它几乎只是由一些空洞的词语构成的"。[3] 库图拉特等人将充足理由原则等同于同一律可说是完全违背了莱布尼茨的本意。

充足理由律（the principle of sufficient reason）又被莱布尼茨称为理由律（the principle of reason）或根据律（the principle of ground），它似乎仍笼罩着一层谜一样的

---

① 《莱布尼茨自然哲学著作选》，祖庆年译，中国社会科学出版社1985年版，第132页。

② 同上书，第68页。

③ 同上书，第39页。

氛围。难道"没有什么东西是无理由的"不是人们熟视无睹的常识吗？在日常生活中我们不是常禁不住将之脱口而出吗？在哲学史上的相关论述可说是比比皆是，如在《蒂迈欧篇》中柏拉图说道："一切发生的事物，必然来自某种原因；因为没有原因，任何事物都是不可能产生的。"① 又如斯多葛派认为："看来这是一个尤为首要的原则：没有无原因而产生的事物，每一事物都遵循在先的原因。"② 但只有在莱布尼茨那里充足理由律才被作为哲学的主要原则提出来，海德格尔曾对此感叹道，西方思想花了两千三百年时间才真正把充足理由律明确提出来。但莱布尼茨似乎偏爱用格言和警句来表达自己的思想，以至于他的每个重要思想都几乎是点到即止，没有进行深入细致的发挥，对于充足理由律他也是如此。叔本华在其《充足理由律的四重根》一书中对此颇为不满："第一个正式把充足理由律作为一切认识和科学的主要原则来论述的，是莱布尼茨。在他著作的很多地方，他都煞有其事地宣扬充足理由律，神奇十足，好像是他第一个发现这一原则似的；然而关于充足理由律他所发现的，充其量不过是说任何一个事物对于他的存在来说，都必须具有充足的理由，除此之外没有别的；

---

① 叔本华：《充足理由律的四重根》，陈晓希译，商务印书馆1996年版，第8页。

② 同上。

而且这一点恐怕人世间在他以前就被发现了。"①　叔本华无疑是把莱布尼茨的思想过于简单化了，莱布尼茨本人固然没有把充足理由律的思想展开，但这并不妨碍我们寻求其隐含的深刻含义。

应该说充足理由律实际上包含两个层面：即关于事物的存在及其如何存在的原因的存在面，以及对事物进行论述的理由的逻辑面。例如莱布尼茨在给克拉克的一封信中写道："这原则（即充足理由原则）就是一个东西要存在，一件事情要发生，一条真理要成立，总需要一个充足理由这样一条原则。"②　显然，"一个东西要存在，一件事情要发生"指的是充足理由律的存在面，"一条真理要成立"指的是充足理由律的逻辑面。叔本华曾指责道："的确，充足理由律两种主要含义之间的区别，他（指莱布尼茨）偶尔也曾暗示过，但却没有作过任何专门的强调，也不曾在任何地方作过清楚的说明。"③　事实确实如叔本华所言，但莱布尼茨的这种做法却并不一定是疏忽或思虑不周。克里斯丁为他辩解道："莱布尼茨形而上学和逻辑学的主要问题是完全奠基于

----

①　叔本华：《充足理由律的四重根》，陈晓希译，商务印书馆1996年版，第19页。

②　《莱布尼茨与克拉克论战书信集》，武汉大学出版社1983年版，第103页。

③　叔本华：《充足理由律的四重根》，陈晓希译，商务印书馆1996年版，第19页。

充足理由律之上的。……理由的位置既在逻辑学中又在本体论中。……莱布尼茨从未感到有必要说明这种双重性，……充足理由律的逻辑面与存在面的差异的问题被包括在实体的问题之中。这个双重含义的冲突的或至少是两极分化的本性总是被置于单子论的和谐的领域之中；因而，在不失去它们的对立的含义之下，范畴的分界和本体论的层面实际上对单子论结构的保存作出贡献。"[1] 克里斯丁的这一观点是很有道理的。上一节中我们得出莱布尼茨的主谓词逻辑的本质是可共存性，它源于存在论中的共存性，也就是说在他那里逻辑学与存在论是统一的，具有一致的内在结构，因而莱布尼茨感到没有必要将充足理由律的逻辑面与存在面截然分开。

由前可知莱布尼茨的存在论是为直觉所把握的，充足理由律作为"存在的大原则"因而必然与直觉有密切的关系。实际上早在中世纪德国的神秘主义者就将理由、根据与直觉紧密地结合起来。"在德国文化中，将基础或理由的概念同化于本质、原因的概念，而且以一种隐喻的意味同化于上帝的概念，盛行于中世纪神秘主义和经院哲学的整个发展。……最初，grunt（grund 一词的原始形式）包含内在（innerness）、深度（depth）的意义，一般用于表达'心灵之底'（the bottom of the

---

① Cristin, Heidegger and Leibniz: Reason and the Path, p. 3.

heart）。神秘主义者用了一个迂回曲折的词语来定义它：'在人的本质中的精神因素'，将这个概念转化为时间的永恒的维度。在德国神秘主义中，grund 意味着灵魂之底。作为上帝的隐喻，根据定义了上帝的不可达到的、不可定义的和最完美的本质。在这个意义上，神秘主义者在根据和深渊之间获得了夸张的联系。……上帝、最高理由的本质是不可奠基的：'上帝的基础是我的基础，我的基础是上帝的基础，（根据）因而对受造物来说是基础的不在场。'（埃克哈特语）在哪里发现根据呢？埃克哈特认为在自身之中。"①

　　在德国神秘主义者那里，根据作为"灵魂之底"与直觉具有某种直接的同一性，他们认为上帝是不能用逻辑推理来认识的，只有靠主客双忘的直觉来直接把握，从而在"灵魂之底"中发现上帝这个无根据的根据。莱布尼茨无疑吸取了神秘主义者的直觉与根据相统一的思想，但作了重大的改造，他通过充足理由律使得直觉的根据获得了逻辑的、理性地言说的空间。正如克里斯丁所说："对莱布尼茨而言，无区别的神秘的原因被理性化为一个科学的、本体论的规划。我们注意到一个进化，或者一个真实的'质的跳跃'：根据被在逻辑原则的理性框架之下设想。在充足理由律中，亚里士多德对

① Cristin, Heidegger and Leibniz: Reason and the Path, p. 11.

原因概念的分析被弄得更复杂了，在其中，尽管两者保持不同，但基础与后果之间关系的目的因和逻辑因的概念交织在一起。原因和目的合并起来，流进了目的因的概念，如黑格尔所指出的。基础不再被视为单纯的原因，而是哲学的整体，不仅与科学陈述的逻辑的、形式的方面有关，而且关系到世界的实体的、存在的方面，和人的行为的伦理学。……无论如何，莱布尼茨首次阐明了我们思想的一个基本领域，为形而上学原则的在先的明白性（the previous obviousness）提供了一个证明和基础。"[1]

　　莱布尼茨对直观与逻辑的统一使得充足理由律表现出与传统逻辑的矛盾律迥然不同的内涵，充足理由律不是像矛盾律那样的空洞的、抽象的同一性，而是植根于存在论的直觉体验中，是一种得到充实的、本真的逻辑。"它（充足理由律）是生存的原则，在它之中生存之根没有从存在的平面上拉断，不是仅仅抽象的计算，而是具体的事实，……即沉思的同时注意到自身和存在。"[2] 莱布尼茨的这种逻辑与直觉相统一的思想是颇具现象学意味的，现象学正是要求一切思维都在直观的自明性中进行。胡塞尔认为一切判断都在前谓词的生活世界中有其根源，并试图建立一个与传统的形式逻辑迥然

---

①　Cristin, Heidegger and Leibniz: Reason and the Path, p. 12.

②　Ibid., p. XIX.

不同的、具有直观的自明性的"逻辑谱系学"系统，①
因而他对莱布尼茨的直观与逻辑相统一的"普遍科学"
的思想颇为赞赏。海德格尔在其 20 世纪 20 年代末
《（以莱布尼茨为出发点的）逻辑的形而上学基础》的著
作中更是直接从分析莱布尼茨的相关逻辑学思想出发，
试图把逻辑奠基于生存论的体验之中。

尽管莱布尼茨本人并未明确地、具体地说明他的充
足理由律是如何将逻辑奠基于直观之上的，但通过他的
有关思想和论述我们可以将之归纳为以下三点：

第一，如前所说，莱布尼茨的主谓词逻辑的统一性
源于存在论的统一性，而这种存在论的统一性正是为直
觉所把握的，甚至它本身就是直觉，因为单子的本质就
是先于主客分立的、前自我的、微知觉的直觉。克里斯
丁说道："理由律的意义是内在地从实体理论中导出的：
只有单子是统一的实体，它的实体性是单子的力的行
动。……实体是单子的进入存在（the coming into be-
ing），因而理由是单子作为实体和主体的显现。"②

第二，与适用同一律的必然真理的同义反复的必然
性不同的是，适用充足理由律的偶然真理其反面是可能
的，它并不具有必然性。单子的"是其所不是，不是其

---

① 参见胡塞尔《经验与判断》中译者序，邓晓芒、张廷国译，三联
书店 1999 年版。

② Cristin, Heidegger and Leibniz: Reason and the Path, p. 16.

所是"的超越性使其具有本体论的自由，偶然真理的偶然性正是单子的自由的表现。

第三，上帝在莱布尼茨的充足理由律中占有着非常重要的地位，它构成了万事万物的最终理由。在《单子论》中他说道："……对特殊理由的分析是可以达到无穷的细节的。有无数个现在和过去的形象和运动，构成了我现在写字的动力因，也有无数个现在和过去我的心灵的倾向和禀赋，构成了目的因。既然这全部细节本身只包含着另外一些在先的或更细的偶然因素，而这些因素又要以一个同样的分析来说明其理由，所以我们这样做是不能更进一步的。充足的理由或最后的理由应当存在于这个偶然事物的系列之外，尽管这个系列可以是无限的。所以事物的最后理由应当在一个必然的实体里面，……而这个实体就是我们所谓的上帝。这个实体乃是全部细节的充足理由，而这种细节也是全部联系着的；只有一个上帝，并且这个上帝是足够的。"[①] 事物的原因是不可穷尽的无限的系列，其最终的充足理由是处于这个无限系列之外的上帝。上一章我们说到莱布尼茨的上帝归根结底是为直觉的意向性体验所把握的，上帝是人的属性的无限化，是主体的终极的欲求对象。人与世界存在于神的连续闪耀之中，当人的"内在之光"与神的

---

① 莱布尼茨：《单子论》，第36—39节。

闪耀融为一体时，就直观到万事万物都与神紧密地联系在一起，构成了"前定和谐"，神是最终的充足理由。克里斯丁对此说道："对莱布尼茨而言，有关本原的思想接近某种神学的思想，但有个决定性的区别，这个思想不是源于神的角度，而是源于单子间的和谐。在这种思想方式之下，绝对就不是太上单子，而是单子论。从这一观点出发，理由律就从物质的因果律、实证科学的分裂提升到神的知识的综合。我们必须在这个意义上来解释'没有什么是无理由的'这一句子。理由律的观点作为单子论的基石是神学的，但不是以神为中心的：关注点不是专门集中在上帝上，而是拥抱本体论的和谐。……'我的主要原则之一是没有什么是无理由发生的，它是一个哲学的原则。然而，归根结底，它只不过是对神的智慧的认识，尽管最初我并未说到这一点。'"①

第三节　直观与逻辑的统一

在莱布尼茨那里逻辑实际上有两个层面，一是以矛盾律为原则的、同义反复的形式逻辑，另一则是以充足理由律为原则的、以存在论体验为根源的有充实内容的逻辑，即海德格尔所说的"形而上学的逻辑"。这两种

①　Cristin, Heidegger and Leibniz: Reason and the Path, p. 94.

逻辑与前面所说的形式的直觉与实质的直觉是相对应的，不同的逻辑在不同的直觉中有其根源：形式逻辑是基于概念的自明性的形式的直觉，它是空洞的形式，只能运用于抽象的观念世界，而充足理由律的逻辑则是基于富有现象学意味的实质的直觉，它是有充实内容的，是存在世界的逻辑。莱布尼茨在《人类理智新论》中有一段话较好地表明了这两种逻辑的区别："人们不大致力于真正的善，其根源多半来自这样的情形，即在那些感官不大起作用的场合或问题上，我们的思想大部分可以说是无声的，这就是说，是空无知觉和感情的，是在于赤裸裸的应用字母符号，就像那些演算代数题的人的情况那样，……人们常常只是在语言上来推理，心中几乎并没有对象本身。而这样的知识是不会触动人的；必须有某种活生生的东西来打动我们。"①

形式逻辑实际上是对实质的逻辑的抽象化、简单化，将其生动、丰富的内容撇到一边，只留下抽象的形式。在莱布尼茨看来，这种简单化、形式化的逻辑是实质的、形而上学的逻辑的准备。在本章开头时提到的他的寻求真理的秩序表中前三条是这样的：

"（1）人们必须从有关数字和线条的数学开始。

（2）人们必须设法将之运用到实例上，也就是说运

---

① 　莱布尼茨：《人类理智新论》，商务印书馆 1996 年版，第 177 页。

用到运动律、事件的评估、法学等，简言之，运用到在我们能力之内的较为微妙和精细的问题上。但它们对细心的要求比起在纯数学中要远为本质，因为在算术和几何中帮助我们获得确定性的尝试和想象，在这类有关半非形体的事物的问题中开始抛弃我们，例如运动、力、快乐、可能性的等级和法律：这将把我们导向完全抽象的事物，因为没有办法通过尝试的方法来获得确定性。

（3）因为从这一等级人们必须达到第一哲学或上帝和灵魂的知识。再加上能给启示的信仰提供充分的基础的东西。"

即基于形式逻辑的矛盾律的数学是最容易掌握的，因为它只需要形式上不自相矛盾就可以了，因而它排在秩序表的最开始。其次它必须被应用到实例上，由于涉及对象、存在，这时已不能仅靠形式上的规定来获得确定性，形式逻辑的弊端暴露出来，从而人们逐渐过渡到充足理由律的逻辑，并进而获得形而上学的真理。

众所周知，莱布尼茨在形式逻辑的符号化、数理化上作出了奠基性的贡献，被视为是现代数理逻辑的先驱者。但他在形式逻辑上的骄人成就使得一些研究者只注意到他的形式逻辑而忽略了其充足理由律的逻辑，并试图从形式逻辑推演出其整个哲学体系，这未免犯了以偏赅全的错误。实际上形式逻辑只是莱布尼茨的真理之路上的第一阶段，如克里斯丁所说："隐喻性地赋有一个自身的形体，思想作为形而上学的经验展现自身于其本质之中。这被附加给知识的逻辑的、形式的等级，它标志着寻求真理的阶段，逐步趋向作为本体论和伦理学的完美融合的'第一哲学'。对莱布尼茨而言，第一哲学意味着对于上帝、灵魂和幸福的直觉的知识。……对莱布尼茨而言，对原理的追求并非是静态的认识论，而是动态的揭示，导向不停息的欲求，导向作为欲求的流动的思想领域的诸阶段遵循着一个逐步的上升，使思想从最简单的等级上升到最复杂的等级。"[①]

莱布尼茨的充足理由律的逻辑与传统形式逻辑是大异其趣的，他并未像康德、黑格尔或胡塞尔那样提出一套崭新的逻辑，这也许是日理万机的他所不能胜任的。但我们不难看出他的这种形而上学的逻辑是力图把直观与逻辑、知识与生存紧密地结合起来，这绝非是纯数学演绎的形式逻辑，而是洋溢着诗意的、隐喻的色彩，其语言之根紧紧地扎根在生存体验的沃土上，力图将丰富和谐、生机盎然的生命体验通过逻辑、理性揭示出来。莱布尼茨在论述其哲学核心问题上常常情不自禁地运用隐喻来言说，例如"内在之光"、"自然之光"、"活的镜子"、"连续的闪耀"、"明亮的闪电"等，这些隐喻与其逻辑推演是密不可分的。克里斯丁的一段论述莱布尼茨

---

① Cristin, Heidegger and Leibniz: Reason and the Path, p. 79.

的语言的话很好地反映了其充足理由律的逻辑的特性，他说道："尽管为科学所影响并直接对科学的发展作出了贡献，但莱布尼茨的语言既非望远镜的语言，也非显微镜的语言，类似于揭示、显示、表明和谐的机体的语言，是显现单子和现象系列的语言，是单子论的语言，是作为宇宙的活的镜子的单子的语言，它只是在用镜子理解了自然之后才用算盘来解释自然。它是转变、连续的语言，它是这种语言，只是在其准备阶段用数学的工具和概念来研究微观和宏观，以为了在后来达到关系的语言，单子、现象、绝对存在的结合的语言。单子论的思想消除了任何语言上的简化论，将知识的问题在其科学和神学的意义上，提升到一种理论的微分的层面，促进和推动着从一个规定向另一个规定的转化，并用第一哲学的记录（register）来管理它们。莱布尼茨试图将这种哲学的集合体保存在极度的科学影响之外。"①

　　有趣的是，从这种诗意的、隐喻的语言出发，克里斯丁得出了一个令人惊讶的结论，即莱布尼茨并不认为哲学应该有一个固定的形式或结论，他说道："沉思的转变获得了智慧，它被理解为引导生存趋向最高真理的方法，被理解为反省能力的正确运用的目的。这个智慧是上帝传送给人的 sapientia（智慧）的回声，它显现在

---

①　Cristin, Heidegger and Leibniz: Reason and the Path, p. 79.

神学和哲学中，显现在许多世纪以来的历史中。因而莱布尼茨的智慧概念就与 Philosophia perennis（永久常新的哲学）的概念联系在一起。这一概念是'宁静'与理论的欲求的综合，是伦理点的达到和形而上学点的离开，即对神—宇宙的泛逻辑主义的主体—单子的反省。智慧的获取是与哲学探求的永久常新性相似的程序：它决不会一劳永逸地被解决……智慧也是宇宙的和谐的一个启发性的断片；它使我们发现真理的踪迹而不用将之严格地置于一个确定的体系中。通过这种不断地运作，'黄金将从矿泥中提取出来，钻石从矿床中开采出来，光明从黑暗处显露出来，这将是真正的永久常新的哲学。'"①

克里斯丁认为莱布尼茨的哲学的本质是智慧，是伦理实践，因而哲学不可能有一个固定的形态，更不可能一劳永逸地被解决，它只是人们通向实践的终点的一段路程，必须被人们以不同的方式去反复寻求。克里斯丁的这种观点虽然过于解释学化了，但考虑到莱布尼茨的充足理由律的形而上的逻辑是要揭示出人的生存体验，他的这种观点也不无道理。

---

① Cristin, Heidegger and Leibniz: Reason and the Path, p. 83.

第五章

直觉理论与伦理学

上一章我们论述了莱布尼茨的直觉理论与逻辑学的关系，表明他的充足理由律的形而上学的逻辑是根源于直觉的生存体验的。本章拟表明其直觉理论与伦理学的密切关联，揭示其直觉的生存体验的伦理学内涵。结合上一章的内容我们可得出在莱布尼茨那里直觉理论、形而上学、逻辑学和伦理学是不可分割地联系在一起的，它们构成了一个和谐的、有机的整体。

第一节　道德本能

莱布尼茨的形而上学可以说是整个地弥漫着伦理学的气息，就连对其伦理学本身甚为轻视的罗素也不得不承认："莱布尼茨哲学中的所有内容，从充足理由律开始，通过引进目的因，都依赖于伦理学。"① 伦理学与直觉理论的关系尤为密切，如果说在莱布尼茨那里直觉理论与形而上学、逻辑学以一种隐含的、有待人去发现的方式相关联的话，那么它与伦理学的关系则是昭然若揭的，这主要表现在他的道德本能说中。

一　道德本能是直观的、具体的先验性

莱布尼茨不同意霍布斯、洛克等人将伦理学建立在经验事实之上，他认为："道德科学（超乎那些如使人趋乐避苦的本能之上）也和算术并无两样地是天赋的，因为它也同样依赖于内在的光所提供的推证。由于这些推证并不是一下跳到眼前来的，所以，如果人们不是永远立即察觉到那些自己心中具有的东西，并且不是很快地就能读出照圣保罗所说上帝刻在人们心里的那些自然法的字迹，这并没有什么好大惊小怪的。可是因为道德比算术更重要，所以上帝给了人那些本能，使人得以立即并且不必经过推理就能处理理性所要求的那些事。"② 伦理学基本原则的先验性与数学的先验性是不同的，"它不是由理性所认识，而可以说是由一种本能所认识的。这是一条天赋原则，但它并不成为自然之光的组成

---

① 罗素：《对莱布尼茨哲学的批评性解释》，商务印书馆 2000 年版，第 244 页。
② 莱布尼茨：《人类理智新论》，商务印书馆 1996 年版，第 59 页。

部分；因为人们并不以一种明亮的方式认识它。可是这条原则一经设定，人们就能从它引出一些科学的结论。"① 即它不是由理性所认识的数学的同义反复的纯形式的先验性，而是由直观所把握的有实质内容的先验性，以道德本能的形式表现出来，构成了伦理学的根基。

　　显然这种伦理学上的先验性与前面所说的形而上学的先验性是一致的，都是为实质的直觉所把握的。但在莱布尼茨那里伦理学的先验性不像形而上学的先验性那样以一种潜在的、有待人去发现的方式存在，它以显现的、本能的方式表现出来，对人的行为有着某种现实作用，尽管人们对此可能没有明确地意识到。从这种现实的推动作用出发，莱布尼茨将这种道德本能称为"不安"，"……不安，这就是说，那种微小的、知觉不到的激动，它使我们永远像悬在空中，那是一种混乱的决定，以致我们常常不知道自己缺少什么，……这些冲动就像许多小弹簧，它们尽力要自己放松，并使我们的机器运转起来"。② 莱布尼茨将这种"不安"与微知觉联系起来，"这种微知觉也是不安的原因，……它和痛苦的区别只是小和大的区别，可是它常常由于好像是给它加了某种刺激性的风味而构成了我们的欲望，甚至构成了

---

① 莱布尼茨：《人类理智新论》，商务印书馆1996年版，第55页。
② 同上书，第152页。

我们的快乐"。① "在最常见的情况下这（指不安）是这些感觉不到的微知觉，我们可以称之为不可察觉的痛苦，要是痛苦这概念不包含察觉的话。这些微小的冲动是在于继续不断地解除一些微小的阻碍，我们的本性是在对这些阻碍做工作，而我们并没有想到它。"② 可见莱布尼茨已先于弗洛伊德看到了无意识冲动的巨大的作用，但他不是像弗洛伊德那样将之看做是生理欲望的"利比多"，他认为微知觉中的"不安"是一种道德本能，是对最大的善的追求。此外，莱布尼茨的这种道德本能是富于形而上学意味的，如第三章所说，他的微知觉理论是在批判笛卡尔的"我思"理论的基础上产生的，是主客不分的、前统觉的精神状态，是纯粹的先验现象，是一切统觉行为的基础，道德本能作为微知觉自然也是先于主客分立的、无我的，构成了一切我思的道德行为、现象的先验的本质。这种道德本能实际上就是单子的欲求（appetite）的表现，它是单子的基本的生存论规定，正是因此，莱布尼茨的形而上学弥漫着浓厚的伦理学气息。

二 道德本能的基本内容——爱

康德在其《实践理性批判》中认为先验的伦理学应

---

① 莱布尼茨：《人类理智新论》，商务印书馆 1996 年版，第 11 页。
② 同上书，第 180 页。

该是纯形式的，任何有具体内容的伦理学都是经验的，会堕入主观相对性之中，从而损害了伦理规范的客观的尊严。与之相对应，他把一切情感都认作是经验的，排除于其先验伦理学之外。康德的这种远离具体生活经验的空洞的形式伦理学显然是有失偏颇的，正如舍勒所精辟地指出的，"（康德的）这种对'先验'的完全无根据的窄化和限制的根源之一，同样在于他将'先验之物'等同于'形式之物'。唯有彻底扬弃这一旧的成见，即：理性与感性的对立便可以穷尽人的精神，或者说，对所有的一切都可以作非此即彼的划分，才有可能建造起一门先验—质料的伦理学。这种根本错误的二元论恰恰使得人们忽略了或误释了整个行为领域的本己特征，它从任何一方面都必须被哲学拒之门外。价值现象学和情感现象学必须被看做是完全独立的、不依赖于逻辑学的对象领域和研究领域"。①即康德将伦理学置于逻辑学的阴影之下导致其形式的伦理学的偏见，舍勒主张从现象学的直观经验出发，突破理性、感性的二分，建立先验—质料的伦理学。

　　莱布尼茨的伦理学在其本真意义上正是这种先验—质料的伦理学，他的道德本能作为本质直观，与逻辑学、数学不同，是一种具体的先验性，其内容是"爱"，他认为，"爱是倾向于从所爱对象的圆满、善或幸福中

---

① 《舍勒选集》，刘小枫编选，上海三联书店 1996 年版，第 27 页。

得到快乐。而为了这个，人们除了在所爱者的善或快乐中所找到的快乐本身之外，并不考虑也不要求其他的快乐"。① 他认为平常人们所说的只追求自己快乐的爱不是真正的爱，真正的爱或"仁慈的爱"是"着眼于他人的快乐，但这他人的快乐正是造成或毋宁说构成我们的快乐的"。② 可见莱布尼茨不是像康德那样为追求先验性而一味排斥情感，也不像霍布斯等人那样因重视情感而陷入狭隘的经验主义，他的道德本能说是要在情感中发现其先验性。显然，那种追求自身快乐的情感只具有经验性，只有以他人快乐为快乐的无私的爱才是先验的，才能成为伦理学的根本原则。至于爱何以会如此，莱布尼茨本人似乎没有明确说明，但我们联系到其微知觉理论就不难发现，道德本能作为微知觉是非我思的，处于主客对立之先，是一切我思行为的基础和根源，在这种直观经验之中人我之分是不存在的，而是处于一种浑然一体的状态之中，因而他人的快乐、幸福自然就构成了我的快乐和幸福。正是在这个意义上莱布尼茨又把"趋乐避苦"作为天赋的实践原则，有人据此将莱布尼茨的本能学说等同于霍布斯的理论，这可说是莫大的误解。

康德从其形式伦理学出发认为一切爱都可归为"自爱"，否认有无利害关系的爱，他的这种观点显然是建

---

① 莱布尼茨：《人类理智新论》，商务印书馆 1996 年版，第 148 页。
② 同上书，第 149 页。

立在主客对立的基础之上的，是有失偏颇的。莱布尼茨的爱正是这种无利害关系的爱，他说道："爱意味着为别人的幸福感到高兴，或者，换句话说，把别人的幸福变成自己的幸福。这样一来，就解决了一个重大的、而且在神学中并非没有意义的难题，即怎么可能有一种没有利害关系的爱，在这种爱中既没有恐惧，也没有期望，也没有对于利害关系的考虑。别人的幸福使我们为之高兴，成为我们自己的幸福的一个组成部分。因为，使我们为之高兴的事物，也就是我们所追求的事物。对美的观察本身就能令人喜悦，例如，拉斐尔的画使我们为之迷恋狂喜（尽管这幅画除了令人喜悦以外没有带来其他任何好处），因此它对于享受这种喜悦的人来说几乎变成爱的对象。可是，既然美本身令人为之精神振奋，令人感到幸福，因此对美的享受就变成真正的爱。由此可见，对上帝的爱归根结底高于其他一切的爱，因为上帝是一切爱的最高对象。事实上，没有任何人比上帝更加幸福、更加美好、更加值得享受幸福。"①

　　在第三章中我们提到在莱布尼茨那里作为主体的单子不是孤零零的，而是一种互相融贯的共在，爱正是单子共在的生存论规定。实际上正是在爱中单子才本真地以共在的形式向我们显现出来。

---

　　①　费尔巴哈：《对莱布尼茨哲学的叙述、分析和批判》，商务印书馆1985年版，第23—24页。

三　道德本能与理性

由上一章可知莱布尼茨的直观和理性是统一的，这在伦理学中也不例外。莱布尼茨虽然非常强调道德本能的作用，但他并不像后来的意志主义者如叔本华、尼采那样片面排斥理性在伦理学中的作用，他认为理性在伦理学上尽管不是本原性的、最根本的东西，但仍有着巨大的作用。因为在现实生活中，这种博爱、利他的道德本能并不能很好地表现出来，人们常常为眼前的感官享受所迷惑，堕入利己主义的深渊，从而使道德本能误入歧途。这样我们必须用理性来驱散感官的虚妄的迷雾，使道德本能更好地显发出来。

但莱布尼茨的理性与通常的空洞的理性显然不同，他说道："人们不大致力于真正的善，其根源多半来自这样的情形，即在那些感官不大起作用的场合或问题上，我们的思想大部分可以说是无声的，这就是说，是空无知觉和感情的，是在于赤裸裸的应用字母符号，就像那些演算代数题的人的情况那样，……人们常常只是在语言上来推理，心中几乎并没有对象本身。而这样的知识是不会触动人的；必须有某种活生生的东西来打动我们。"[1]　这种理性是为直观所充实的、具体的理性，也

---

[1]　莱布尼茨：《人类理智新论》，商务印书馆 1996 年版，第 177 页。

就是充足理由律的理性，只有在这种理性的指导下人们才能达到纯粹的道德本能本身，对此普通的抽象的理性是无能为力的，它只会导致种种伪善。

第二节　自由

同爱一样，自由也是单子的基本的生存论规定。莱布尼茨区分了两种自由，"一种意义是当我们把它和心灵的不完善或心灵的受役使相对立时所说的，那是一种强制或束缚，但是内部的，如那种来自情感的强制或束缚那样。另一种意义是当我们把自由和必然相对立时所说的。在第一种意义下，斯多葛派说只有哲人是自由的；而事实上当一个人心灵为巨大的情感所占据时就是毫无自由的，因为那时人就不能像应当的那样来意愿，就是说不能通过必需的深思熟虑。就是因为这样，只有上帝是完全自由的，而被创造的心灵只有在他们超越情感的范围内才有一定程度的自由。而这种自由真正说来是相关于我们的理智的。但和必然相对立的心灵的自由，是相关于赤裸裸的意志，作为与理智区别开的意志来说的。这就是所谓的意志自由，而它就在于：人们意欲理智呈现于意志之前的最强有力的理由和印象，也不阻止意志的活动成为偶然的，而不是给它一种绝对的、可以说是形而上学的必然性。而正是在这种意义下，我习惯于说，理智能够按照占优势的知觉和理由来决定意志，其决定的方式是：即使它是确定无误的，它也只是使意志倾向于什么而不是必然地逼使它怎样"。①

莱布尼茨的这段话对于理解他的自由学说很重要，可从以下两个方面对其进行分析：

第一，莱布尼茨反对斯多葛派以及斯宾诺莎的将自由局限于理智的自由的做法，在他那里自由的范围要广阔得多，他认为人的意志本身就是自由的。由前可知，单子的欲求是比理智更为根本的规定，它是一种自否定，使得单子不断超越自身，是其所不是，不是其所是，欲求是永不停歇的，这使得人永远处于一种未完成之中，拒绝任何凝固和停息，这就是意志自由的本体论根源。正是因此，自由在莱布尼茨那里是绝对的，无条件的，人是被抛进自由之中的，莱布尼茨说道："问在我们的意志中是不是有自由，同问在我们的意志中是不是有意志是一回事。自由和意志是同一个东西。"②"无论什么在活动，就其是活动而言，都是自由的。"③ 莱布尼茨的这种绝对自由观无疑是很现代的，与存在主义的思想颇有类似之处。

---

① 莱布尼茨：《人类理智新论》，商务印书馆1996年版，第163页。
② 罗素：《对莱布尼茨哲学的批评性解释》，商务印书馆2000年版，第372页。
③ 同上。

第二，莱布尼茨认为意志自由表现为主体的自由选择的能力，即"人们意欲理智呈现于意志之前的最强有力的理由和印象，也不阻止意志的活动成为偶然的，而不是给它一种绝对的、可以说是形而上学的必然性。……它也只是使意志倾向于什么而不是必然地逼使它怎样"。实际上他正是从选择的角度来定义意志的，"我们发现在我们自身之中有一种能力，来开始或不开始、继续或终结我们灵魂的多种活动和我们身体的多种运动，而这简单地只是由于我们心灵的一种思想或一种选择，它决定和可以说命令这样一个特殊的活动要做或不要做。这种能力我们就叫做意志（volonte）"。① 这与斯宾诺莎以"万物是从神的无上圆满性必然而出"② 为根据否认人的意志的自由选择能力正相反，莱布尼茨明确地反对斯宾诺莎式的决定论，他指出："那种应该加以拒绝和会产生不公正惩罚的与道德相反的必然性是一种不可超越的必然性，甚至当我们全心全意去躲避这种强制作用和尽一切努力去达到这一目的时，它也会使所有的反抗归于无效。显然这种情况对于意志行为来说是不适宜的；因为除非我们愿意这样去做，否则就不会这样去做。对它们的预见和预定也同样不是绝对的，而是预设了意志：如果我们这样做是确定的，那么我们之希

---

① 莱布尼茨：《人类理智新论》，商务印书馆1996年版，第160页。
② 斯宾诺莎：《伦理学》，贺麟译，商务印书馆1983年版，第33页。

望这样去做也就是确实无疑的。"① 值得指出的是，莱布尼茨与斯宾诺莎自由观的这种差异与他们哲学思维方式的不同息息相关。我们知道，斯宾诺莎的哲学思维方式是形式逻辑的，其代表作《伦理学》即是严格按照基于形式逻辑矛盾律的几何学的方式写的，在他看来具体的存在界与抽象的逻辑界并无不同，"如果人们清楚理解了自然的整个秩序，他们就会发现万物就像数学论证那样必然的"②，因而他要像"考察线、面和体积一样"考察人类的行为和欲望，这种将形式逻辑运用于存在领域的做法自然使得斯宾诺莎否认意志自由的存在。莱布尼茨则抛弃了以往的抽象空洞的逻辑主义的做法，将形式逻辑的矛盾律与哲学的充足理由律严格区分开，将前者限制于观念世界之中，它所关涉的是推理的真理，只有后者才能运用于存在世界，表现为事实的真理，而"推理的真理是必然的，它们的反面是不可能的；事实的真理是偶然的，它们的反面是可能的"。③ 因而现实世界的一切事物都毫不矛盾地存在着多种可能性，这为他的意志自由学说打下了坚实的理论基础，使他得以克服斯宾诺莎那种机械决定论的怪圈。

---

① 罗素：《对莱布尼茨哲学的批评性解释》，商务印书馆 2000 年版，第 371 页。

② 斯宾诺莎：《笛卡尔哲学原理》，商务印书馆 1980 年版，第 170 页。

③ 莱布尼茨：《单子论》，第 33 节。

　　莱布尼茨的意志自由固然是绝对的,但并非是任意的,他特别反对将意志自由等同于"无区别状态"的理论。所谓"无区别状态"是指两个事物各方面都完全一样,人们没有理由来选择此而不选择彼。当时一种流行的观点把这种状态作为意志自由的必要条件,认为只有能在两个事物不分轩轾的情况下进行选择,才能证明人有意志自由。莱布尼茨根据"不可辨别者的同一性原则"指出世界上是不存在两个完全相同的事物的,因之"无区别状态"是不存在的。而且这种无区别状态的自由直接违反了充足理由律:"不要以为自由的东西是以一种不受决定的方式活动的就行,这一错误,曾在某些人心中流行,并且毁坏了那些最重要的真理,甚至包括这一根本的公理:没有什么是毫无理由地发生的,要是没有这一条,则不论是上帝的存在,或是其他一些伟大的真理都会无法很好地证明了。"①莱布尼茨认为这种自由不但在现实中不存在,而且在理论上也是有害的,"如果意志决定其自身而与任何存在物无涉——无论是同进行选择的人无涉,还是同那种能导致这种选择的所选择的对象无涉——那这种选择就会既无原因亦无理由:既然道德的恶就在于坏的选择,那就得承认道德的恶是完全没有来源的。因此根据善的形而上学规则,就

---

　　① 莱布尼茨:《人类理智新论》,商务印书馆1996年版,第168页。

实际上根本不存在说明道德的恶；同样，根据同一个理由，也就不会有道德的善，于是一切道德就都被摧毁了"。[①] 无区别状态的自由论者实际上取消了真正的选择的可能性，从而也就破坏了道德准则和道德评价的根源。

在莱布尼茨看来，无差别的自由论者尽管在形式上与斯宾诺莎截然相反，但实际上他们都犯了同样的形而上学的错误：将受决定（即人的行为总是受各种因素的制约）等同于必然。正是由此出发，斯宾诺莎否认意志自由的存在，也是因此，无差别论者企图把意志自由建立在虚无缥缈的无差别状态上。莱布尼茨曾在《神正论》中将自由与必然问题比作是常常使人类理性迷途的迷宫，而他走出这座迷宫的阿里阿德涅线团正是将自由与受决定辩证地结合起来。莱布尼茨清醒地意识到在现实生活中人的意志行为总是受各种因素制约、决定的，"一切活动都是受决定的，而决不是无区别的。因为总有一种理由使我们倾向于其一而不倾向其他，这是由于没有什么是毫无理由地发生的。诚然这些造成倾向的理由并不迫使事情成为必然，并且既不毁坏偶然性也不毁坏自由"。[②] 即受决定并不使意志自由不可能，反而是其

---

① 罗素：《对莱布尼茨哲学的批评性解释》，商务印书馆 2000 年版，第 370—371 页。

② 同上书，第 234 页。

前提条件，因而莱布尼茨将意志自由定义为："它就在于：人们意欲理智呈现于意志之前的最强有力的理由和印象，也不阻止意志的活动成为偶然的，而不是给它一种绝对的和可以说是形而上学的必然性。而正是在这种意义下，我习惯于说，理智能够按照占优势的知觉和理由来决定意志，其决定的方式是：即使它是确定无误的，它也只是使意志倾向于什么而不是必然地逼使它怎样。"① 在他看来，人的意志不是像机器一样依外在指令而动，即使是"最强有力的理由和印象"也不使其成为必然的，它总是具有着选择的自由。因而意志和自由是一回事，意志自由是绝对的，不可剥夺的，对于人来说，必然性是不存在的，即使是奴隶也可以在反抗和顺从之间进行选择。

莱布尼茨这种基于选择的绝对的自由观与萨特的思想颇有类似之处，萨特认为人尽管受外界环境的种种限制、约束，然而人总是具有选择的可能性，他明确地把自由定义为"选择的自主"，认为人的一切活动都是自由的，"我们是一种进行选择的自由，……我们被判处是自由的，……我们被抛进自由"。② 但萨特否认任何道德标准的存在，他的自由选择是没有任何尺度的，是"荒谬的自由"，这实际上摧毁了伦理学的基础，他虽然

---

① 莱布尼茨：《人类理智新论》，商务印书馆 1996 年版，第 163 页。
② 萨特：《存在与虚无》，三联书店 1987 年版，第 563 页。

大谈责任，但如果道德准则付之阙如的话，那么责任从何而来又表现为什么呢？正是由于道德标准的缺乏，人在萨特那里成了"无用的激情"。从莱布尼茨的观点看，萨特的这种自由观无疑陷入了与无差别自由论者类似的困境之中。莱布尼茨不可能赞同萨特的那种破坏传统价值的虚无主义倾向，他要在绝对自由的旷野中建立起道德的丰碑。他将意志之受决定分为两种："它们总是受决定的，它们的决定或者出于自身，并因此而相应地更为有力和完满，或者出于外界，这样它们就将与其外来的程度成比例地不得不服务于外在的事物。"① 莱布尼茨认为人的意志归根结底是微知觉中的本能冲动体现于意识中的结果，而这种本能是道德性的，追求着最大的善，因此人的意志总是遵循着圆满性原则或最佳者原则进行选择的（这就是决定出于自身）。但由于人们受到感性欲望的迷惑，误认了最佳者，时常作出一些错误的选择（这就是决定出于外界）。尽管这时人的意志仍是自由的，但由于缺乏道德性，只是一种低层次的自由。莱布尼茨认为人们应当充分地运用理性的能力，作出真正准确的选择，使道德本能很好地显发出来，只有这样人才能具有高层次的自由。因此尽管人的意志总是自由的，但人们应当不断努力地提高其自由程度。"我们越

---

① 罗素：《对莱布尼茨哲学的批评性解释》，商务印书馆 2000 年版，第 234 页。

是按照理性行事，我们就越自由，而我们越是凭情欲行事，就越受奴役。因为我们越按照理性行事，我们的行事就越是符合我们自己本性的圆满性，而我们越是让自己被情欲拖着走，我们就越以同等程度成为使我们受苦的外物的奴隶。"① 这种具有伦理意义的自由也就是前面所说的"理智的自由"，当然，莱布尼茨所说的理智不是那种抽象、空洞的理智，而是为生存体验所充实的、具体的理智。

第三节　上帝之城

一　上帝之城是爱的共同体

"上帝之城"这一概念最早是由奥古斯丁提出的，在《上帝之城》一书中他说道："爱自己并进而藐视上帝者组成地上之城，爱上帝并进而藐视自己者组成天上之城。"② 值得说明的是，上帝之城在奥古斯丁那里作为一种人的共同体是理想的目标，只有在末日审判之时才能实现，是属于彼岸世界的。莱布尼茨的"上帝之城"固然也是建立在爱的基础上的，却与之大不一样，他认

---

① 罗素：《对莱布尼茨哲学的批评性解释》，商务印书馆 2000 年版，第 234 页。
② 赵敦华：《西方哲学通史》第一卷，北京大学出版社 1996 年版，第 401 页。

为："一切精神综合起来应当组成上帝之城，以及最完善的君主统治之下的尽可能最完善的国家。这个上帝的城邦，这个真正普遍的王国，乃是自然世界中的一个道德世界，乃是上帝的作品中最崇高和最神圣的部分。就是在这个王国中真正包含着上帝的荣耀，因为如果上帝的伟大和善不为精神所认识和崇拜，就根本没有上帝的荣耀可言。"① 可见，莱布尼茨的"上帝之城"不是彼岸的，而是现世的，但它又并不直接是指经验世界，而是为直观所彰显出来的道德界。由前可知，单子是以爱而共在的，这不仅指人与人之间的关系，也包括人与神之间的关系。一切精神所组成的爱的共同体就是上帝之城。与传统基督教不同的是，莱氏认为人不仅是神的造物，其自身就是小神，与神只有程度的区别，"就是这个道理，是精神能够以一种方式与上帝发生社会关系，不仅是一个发明家对他的机器的关系（如同上帝对其他创造物的关系），而且是一位君主对他的臣民的关系，甚至是一个父亲对他的子女的关系"。② 神与人之间有一种交互的意向性关系，在爱之中神给人以幸福，人给神以荣耀。

由于在莱布尼茨那里道德和幸福是在直觉的基础上相统一的，作为道德界的上帝之城也是最幸福的，最公正的，"在这个完满的政府之下，决不会有善良的行为不受报偿，也不会有邪恶的行为不受惩罚，一切都应当为了善人的福利而造成，以及为了那些在这个伟大的国家中毫无不满的人，尽责而后听天命的人，恰如其分地爱戴和模仿全善的创世主、遵从真正的纯爱的天性而在观照上帝的完满性中怡然自得的人。这种纯爱，可以使人从爱的对象的幸福中取得快乐"。[①] 本来在莱布尼茨那里道德本身就是真正的幸福和快乐，它与幸福的直接统一是为先验直觉所必然彰显的。但莱布尼茨并没有把先验与经验严格地区分开来，他试图把道德和经验的、世俗的幸福结合起来，其途径是借助于上帝的惩恶扬善行为，这不能不说是他的哲学的不严格、不彻底之处和缺陷所在。

二　所有可能世界中的最好世界

上帝之城是最幸福最公正的，因而是最好的世界。但这并不意味着它是十全十美的。莱布尼茨将恶分为三种："恶可以形而上学地、物理地和道德地看。形而上学的恶在于单纯的不圆满，物理的恶在于受苦，道德的恶在于罪恶。"[②] 作为道德界的上帝之城仍然具有着形而

---

① 莱布尼茨：《单子论》，第 90 节。

② 罗素：《对莱布尼茨哲学的批评性解释》，商务印书馆 2000 年版，第 238 页。

上学的恶和物理的恶，其中尤以形而上学的恶具有着重大的意义。我们知道，在莱布尼茨看来单子是有缺陷的、不完满的存在，他以上帝为其欲求目标却永远也不能达到，这就是人的形而上学的恶的"原罪"，但也正是这种形而上学的恶才使得人类具有永不停息的生命冲动，不断地向更完善的境界努力。莱布尼茨之所以称现实世界是最好的世界是相对应于可能世界而言的，撇开其他的不谈，在人性方面与现实世界不同的可能世界大致有两种情况，要么人性纯恶，没有希望可言，要么人性纯善，处于静止状态。莱氏认为这都是不可能现实化的，因为人的存在的根本规定就是生生不已地向纯粹的完满性的冲动。

以上所说的现实世界时就其本质方面而言的，是实质的直觉的领域。但莱氏进而认为现实世界的经验方面也是最好的，这实际上是把直觉和经验思维混为一谈，陷入矛盾和混乱。莱氏借助于上帝的全知全善来保证经验世界的最佳性，这不但在结论上是错误的、荒谬的，在方法上更是陷入了理性主义独断论之中。莱布尼茨的这种思想集中体现在其《神正论》一书中，海涅曾说过："在德国，在莱布尼茨的所有作品中人们议论的最多的是他的《神正论》，然而这却是他最不重要的作品。这本书，如其他一些表达莱布尼茨宗教精神的著作一样，曾给他招致了很多恶毒的诽谤和不愉快的误解。他的敌人责骂他是个头脑昏庸的懒汉；为他辩护的他的朋友们，则把他变成了一个狡猾的伪善者。"[1] 伏尔泰在其哲理小说《老实人》中更是对其极尽挖苦之能事。这种情况表明莱布尼茨本人对其革命性的直觉理论及其内涵并没有很清醒的自觉认识，没有能够将之严格地贯彻到其思想之中，而是妥协于当时的庸俗的环境之中。

---

① 海涅：《论德国宗教与哲学的历史》，《海涅选集》，人民文学出版社 1984 年版，第 254 页。

第六章

评价与影响

第一节　对莱布尼茨直觉理论的评价

莱氏的直觉理论就像是一颗长期闲置在阴暗角落里的钻石,它一经发现并被小心抹去覆盖其上的尘埃就会发出耀眼的光彩,在它的照亮之下,莱布尼茨哲学以崭新的形式和意义呈现在人的面前。如前所说,莱布尼茨把直觉作了意味深长的划分,在传统唯理论的以形式逻辑矛盾律为基础的形式的直觉之外,提出了有充实内容的实质的直觉。他的(实质)直觉理论以现象学直观的方式突破了近代唯理论和经验论在本质认识上所陷入的困境,将先验与具体、一般和特殊统一起来,这使其哲学得以可能克服经验论的狭隘性和以往唯理论的空洞性,从而达到空前的生动和饱满。

莱布尼茨的直觉理论要求克服主、客之间的对立,以达到纯粹的经验,因而他对笛卡尔的"我思故我在"

的精神实体学说大为不满，认为"我思"并不构成单子的根本规定，只有主客对立之先的、非我思的微知觉才是精神的本质，从而使单子成为普遍的本体，为笛卡尔所割裂开的精神与自然得以获得统一。莱布尼茨的单子表现为一种欲求，以作为完满存在的上帝为其终极意向对象，这使得单子成为永不停歇的向善的冲动，是生生不息的生命之流，近代哲学中的僵死的实体因之复苏过来，获得了蓬勃的生机。在单子的观照之下，自然界脱下了灰色的外衣，以富有诗意的形态展现在人们面前，它不再是死板的广延、机械的位移，而是充满了生命，"在物质的最小的部分中，也有一个创造物、生物、动物、'隐得来希'、灵魂的世界"。① 在近代占统治地位的机械的自然观因之得到了很好地克服。正是由于单子在其本质上处于一切二元对立之先，因而在莱布尼茨那里人、神、自然处于相互融贯、水乳交融的"前定和谐"之中，各种冲突和对立都在此获得了统一。

　　莱布尼茨的形而上学固然是建立在其直觉理论之上的，但他并不是像中世纪的神秘主义者那样排斥理性表达的可能，而是认为直觉内容是可以通过逻辑来言说的。然而他否认以矛盾律为核心的形式逻辑能完成这一任务，他认为矛盾律只能适用于观念世界，而以往的哲学正是错误

---

① 莱布尼茨：《单子论》，第 66 节。

地将矛盾律运用于存在界而陷入了空洞、抽象之中。莱布尼茨认为适用于存在界的是与形式逻辑的矛盾律不同的充足理由律，它不是空洞的抽象形式，而是为生存体验所充实的具体的逻辑，只有充足理由律才能恰如其分地表达直觉的内容，建构形而上学的体系，因之海德格尔称莱布尼茨的这种逻辑学为"形而上学的逻辑"。

莱布尼茨的直觉理论是有着强烈的伦理学色彩的，这突出地表现在他的道德本能学说中。伦理学的根基在他那里既非霍布斯的那种经验的原则，也不同于康德的纯形式的绝对命令，而是先验的道德本能。莱布尼茨认为道德本能是一种非数学的先验性，它实际上处于直觉的领域之中，是单子对上帝的永不停歇的欲求的表现，他的这种伦理学说可说是舍勒的"先验—质料伦理学"的先驱。在此基础上他建立起绝对自由论，将自由与受决定统一起来，揭示了人的自由的无条件性，将主体的选择能力提到了崇高的地位。莱布尼茨并未因绝对自由论而像萨特那样陷入道德虚无主义，他将道德建立于"理智的自由"之上，认为要运用充足理由律的理性克服感官欲望的干扰，听从道德本能的呼声，人越有理性、道德，就越自由。莱布尼茨是乐观洋溢的性善论者，他认为单子是以爱而共在的，现实世界是所有可能世界中的最好的世界。所有这些都反映了当时新兴的资产阶级对前途充满信心，对人的力量怀有着美好的憧憬的时代精神。

　　值得指出的是，莱布尼茨本人并未对其直觉理论具
有很清楚的自觉认识，更没有以之为核心建立一个系统
的哲学体系。莱布尼茨过于繁忙了，他的精力无休止地
耗费在当时的几乎所有知识领域之中，令人惊讶的是，
在众多领域中他都取得了第一流的成就，他大概是最后
一个真正意义上的百科全书似的学者；而且与他的前辈
笛卡尔、斯宾诺莎等人为了潜心哲学而离群索居不同的
是，他像他的单子一样始终处于广泛的社会联系之中，
从事着众多的社会政治活动，终生与王公贵族、社会名
流相周旋，这些当然妨碍了他深入细致地思考哲学问
题。因而他的哲学思想以零散的片段表现出来，有很多
重复乃至不一致之处，从任何意义上看都构不成一个完
整系统的体系。更重要的是他有时过于注重哲学的经世
致用，例如他曾试图用单子论来解决化体说这种无聊的
经院哲学问题，想以之来统一基督教和新教的冲突，他
的不少哲学著述都是为王公贵妇们而写的，这使得他为
了妥协于当时的世俗的氛围，不得不有意无意地牺牲其
革命性的思想，正如费尔巴哈所说："莱布尼茨的最深
刻的思想犹如闪电和火花；当它们刚刚扩展开来，当它
们刚刚通过阐述而成为别人的对象时，它们便消失在他
那个时代的观念形态之中。"① 莱布尼茨的超越时代的、

---

　　① 费尔巴哈：《对莱布尼茨哲学的叙述、分析和批判》，商务印书馆
1985 年版，第 173 页。

富有现象学意味的直觉理论更是如此，他对之的直接论述是较少的，为了寻求莱布尼茨思想的本真形态，笔者不得不小心翼翼地摸索其文本的隐秘含义，倾听其弦外之音，以便重构出一个较完整的系统，当然，海德格尔、克里斯丁等人的研究成果也给笔者以莫大的助益。据实而论，本书所阐发的思想在莱布尼茨那里只是以隐含的、潜在的方式存在的，他本人由于种种局限并未将之贯彻起来，这主要表现在两个方面；第一，莱布尼茨固然明确地看到了传统的理性主义将形式逻辑的矛盾律运用于形而上学所造成的种种弊端，并提出了充足理由律与之相抗衡，但他并未在直觉体验的基础上建立一套完整的新逻辑，而是在形式逻辑的符号化、数理化上取得了开创性的成就，这使得他并未彻底与传统的思维方式划清界限，他本人有时也禁不住将形式逻辑运用于形而上学，这不能不给他的哲学带来内在的矛盾，例如他认为上帝在许多可能的逻辑世界中选择最佳者使之成为现实世界，这就将现实世界隶属于逻辑世界，回到传统唯理论的怀抱之中了；第二，莱布尼茨没有将其从单子的先验的直觉经验出发的从人到神的思路贯彻到底，而是屈从于当时的宗教势力，不时随波逐流地从神的创世出发来说明世界与人，陷入到庸俗的神学之中。正如黑格尔所指出的，"因此（在莱布尼茨那里）神就仿佛是一条大阴沟，所有的矛盾都汇集于其中"。① 罗素曾气愤地指出："凡涉及教会的地方，（莱布尼茨）就以一个维护无知和蒙昧主义的斗士的面孔出现。"② 正是由于这些矛盾，自康德开始就存在着在莱布尼茨那里有两套哲学的说法。

但无论如何莱布尼茨都是伟大的，正如本书所分析的，其哲学中隐含着在直观和思维相统一的基础上将古代哲学和近代哲学、宗教和理性、机械论和目的论、道德和幸福统一起来的思想，这表明不论在时间上还是在实质上他都是真正的德国哲学之父。正如海涅在《论德国宗教和哲学的历史》一书中所说的："自从莱布尼茨以来，在德国人中间掀起了一个巨大的研究哲学的热潮。他唤起了人们的精神，并且把它引向新的道路。"③ 由于莱布尼茨很少正面论述其直觉理论，因此它对后世哲学的影响常常是通过建基于其之上的其他思想如充足理由律等表现出来。

第二节　莱布尼茨直觉理论的历史影响

莱布尼茨对整个西方哲学的发展有着广泛的影

① 黑格尔：《哲学史讲演录》第四卷，贺麟、王太庆译，商务印书馆1995年版，第184页。

② 罗素：《对莱布尼茨哲学的批评性解释》，商务印书馆2000年版，第244页。

③ 《海涅选集》，人民文学出版社1984年版，第253页。

响，其中英美分析哲学家主要继承和发展了他的形式逻辑特别是数理逻辑的思想，却对他的基于直觉理论的充足理由律缺乏理解。真正能继承莱布尼次思想精髓的是欧陆哲学家尤其是他的同胞德国哲学家。本节将简要论述莱布尼茨直觉理论对德国哲学的影响。

一 对德国古典哲学的影响

沃尔夫以莱布尼茨的继承人的身份出现在哲学史上，他固然将莱布尼茨的哲学体系化了，然而遗憾的是这位勤奋而盲目的门徒对其导师思想的精髓却毫无理解，正如海涅所正确指出的："他（沃尔夫）的系统化工作只是一种空虚的假象，莱布尼茨哲学最重要的部分，例如单子论中的最好的部分，竟被这种假象牺牲掉了。莱布尼茨当然没有留下什么体系构造，他只留下了构成体系所必需的思想。一个巨人从地下深处掘起了大理石层并且把它们凿成了巨大的方块和圆柱，但要把它们结合起来就需要另一个巨人。这样才能构成一座华丽的神殿。然而沃尔夫只是一个矮子，只能掌握思想建筑的一部分材料，把这部分材料筑成一座自然神论的矮小的临时礼拜堂。"[1] 由前可知，莱布尼茨的主要哲学贡献

---

[1] 《海涅选集》，人民文学出版社 1984 年版，第 270 页。

在于揭示了以往唯理论者将形式逻辑的矛盾律运用于形而上学的谬误所在，主张只有建立于直觉体验之上的充足理由律才是哲学的根本方法（尽管他本人并未很严格地贯彻这一思想）。然而沃尔夫却完全无视这些，反而将充足理由律置于矛盾律的管辖之下，这就倒退到笛卡尔和斯宾诺莎那里，海涅对此精辟地评论道："沃尔夫在哲学史上算是笛卡尔的徒孙，不言而喻，他继承了祖师的数学证明形式。……这种形式通过沃尔夫造成了巨大的恶果。这个形式在他学生手里退化为最无法忍受的图式主义和企图用数学方法来表达一切的可笑的癖好。于是产生了所谓沃尔夫式的教条主义。一切深入的研究都停顿了。苦苦追求明确的无聊的狂热代替了深入的研究。"①

正是康德纠正了沃尔夫的逻辑主义的谬误，他在分析判断和综合判断之间作出了明确的区分，并指出："对于人类理智来说，这一区分是必不可少的，因而在这方面是值得被称作典范的，虽然我不知道它会在别的方面有什么大用处。而且我就是在这里看出了为什么教条主义哲学家忽视了这一显而易见的区分，以及为什么杰出的伏尔夫和他的英明的追随者包姆葛尔顿能够在矛盾律里寻找充足理由律的证明，而充足理由律显然是综

---

① 《海涅选集》，人民文学出版社 1984 年版，第 270 页。

合的。"① 康德敏锐地看到了充足理由律与矛盾律的分析判断是截然不同的，它是属于综合判断的。在 1790 年的一篇文章中康德对莱布尼茨的充足理由律作了以下评论："当莱布尼茨赋予高度的重要性于充足理由律之上，将之作为其早先哲学原则的补充时，难道可以相信他希望他的充足理由律被（作为一条自然律）客观地理解吗？实际上众所周知和（在适当的限度内）显而易见，即使才智最平庸之士也很难想象通过发现它而获得了什么新的进展。因而正是那些误解了它的评论家极大地嘲弄了它。但对莱布尼茨而言这条原则仅仅是主观的，也就是说，是一条仅仅牵涉到理性的批判的原则。当说到在矛盾原则之外还必须有其他的第一原则时，这意味着什么呢？它说的正是这样，根据矛盾原则只能认识已经包含在对象观念之中的东西；但如果我们想更多地谈论对象，有些东西就必须被加入到这个观念之中，因而我们就必须找到一条与矛盾原则不同的特殊原则，因为我们的断言必须有其自身的特殊理由。现在后一种陈述被称作是综合的，因而莱布尼茨想要表达的正是这样的：'在矛盾原则（作为分析判断的原则）之外，必须有另一个原则，即关于分析判断的原则。'这是一个在形而上学上的新颖的、非凡的建议，它还没有被采纳（实际

---

① 康德：《未来形而上学导论》，庞景仁译，商务印书馆 1995 年版，第 26—27 页。

上直到近来它才被实行）……"①康德认为莱布尼茨的充足理由律不是客观的自然律，是主观性的理性批判的原则，适用于综合判断，与主体的认识能力密切相关。这无疑是正确地认识到了莱布尼茨的本意。

众所周知，当康德被休谟从"教条主义的迷梦"中惊醒过来之后，他对先天综合判断如何可能这一问题深感苦恼，1765 年出版的莱布尼茨的《人类理智新论》为他提供了重大的启发。如前所说，莱布尼茨认为，天赋观念和天赋原则在未被直觉所清晰地把握之前就以潜在的方式在感觉经验中起着某种不自觉的现实作用。这样普遍必然性的知识就不是来源于对经验的归纳，而是由感觉经验提供助缘，使人们反观到潜在的天赋观念。正如文德尔班所说："不是别的思想家而是康德，着手把《人类理智新论》的理论建设成为一种认识论体系。这位柯尼斯堡的哲学家受到这部著作的激励，引起了他在思想发展上最重要的转变之一。在他的《教授职位论文》中完成了这种转变。他从沃尔夫学派形而上学成长起来并长期从事于对经验理论的检验，但他对此并不满意。相反，他进而在新的基础上建立形而上学并遵循（蓝伯特的）思想从知识的形式和内容的区别来着手进行工作。此时，关于'永恒真理'，莱布尼茨证明：永

---

① 转引自 Latta, Leibniz, the monadology and other philosophical writings, pp. 208—209。

恒真理作为不自觉的关系形式早已潜存于感官经验本身，通过理智的内省达到清晰而明确的意识。这种潜在的先天原则就是康德《教授就职论文》的核心：形而上学真理作为灵魂活动的规律存在于灵魂之中，在经验中一有机会便开始积极活动，之后成为理智认识的对象和内容。"①

然而，康德与莱布尼茨之间仍存在着巨大的差异，在康德那里，先验之物是一些空洞的知性范畴，只有与感性经验相结合才能形成先天综合判断，由于他否认人具有理智直观的可能，从而人的知识局限于现象界之内，本体是不可知的，对此只能产生一些先验幻象。而在莱布尼茨那里，本体与现象之间的鸿沟是不存在的，在直观面前，整个世界都毫无保留地展现出来。胡塞尔曾对莱布尼茨与康德作了一番比较，他说道："对于莱布尼茨来说，作为自身被给与意识的直观是真理和真理意义的最终源泉。所以对他来说，任何在纯粹明证性中被观察到的一般真理都具有绝对的意义。……而在康德那里，先天概念却常常使我们陷入窘境。……先天的合规律性通过先验主体性将客观性构造于自身之中（根据其理性形式，这形式恰恰使客观化得以可能），但先天规律性仅仅具有一般人类学事实的意义。所以，康德的

———————

① 文德尔班：《哲学史教程》，商务印书馆 1993 年版，第 644—645 页。

理性批判缺乏一门绝对基础科学的观念。"① 当然，上述思想在莱布尼茨那里也只是以一种潜在的、萌芽的形式表现出来。

正如拉塔所指出的："在将（康德所理解的）物自体抛开之后，费希特回到了莱布尼茨的理论，在新的条件下继续发展了他的一些核心思想。"②在费希特那里世界统一于绝对自我，它是处于主客对立之先的，经验的自我和非我都源于绝对自我的内在的本原行为（Thathandlung），这显然是对莱布尼茨的以超越主客分离的单子的微知觉为本体的思想的继承。费希特对单子论作了先验唯心论的阐发，在他那里感觉经验也是由绝对自我产生的，物质世界是由先验想象力所构造出来的，他的绝对自我像神一样崇高无比，独存不依，生天生地，创造万物。而在莱布尼茨那里应该说并无明显的先验唯心论的倾向，他的单子不是像费希特的绝对自我那样是孤零零的一，而是多中之一，它总是指向外物的，是宇宙的一面活的镜子，不能脱离世界而存在，而是与世界处于一种浑融无间的前定和谐之中。但他对此并无严格、系统的论述，人们往往倾向于像费希特那样将其先验唯心论化，如胡塞尔晚年就是一个典型的

① 《胡塞尔选集》，上海三联书店1997年版，第1174页。

② Latta, Leibniz, the monadology and other philosophical writings, p. 179.

例子。

费希特对康德的将直观局限于感性的做法深为不满，他明确地将理智直观作为把握绝对自我及其本原行为的根本方法，从而克服了不可知论。这种理智直观就既非感觉经验的特殊的具体性，又非理性演绎的空洞的抽象性，而是对先验之物的活生生的、直接的具体把握。这应该说是对莱布尼茨的实质的直觉思想的直接的继承。费希特（还有谢林）的理智直观的思想无疑是具有现象学意味的，但它没有被整理为可操作的、系统的哲学方法，还是停留于神秘的灵感之上，还没有达到真正的现象学的高度，对莱布尼茨的直觉理论并无明显的突破。费希特继承发展了莱布尼茨的直观与逻辑相统一的思想，他的绝对自我的活动表现为一套先验逻辑，范畴凭借自身的运动演绎出整个世界的万事万物，这是与传统形式逻辑截然不同的实质的逻辑，这无疑是对莱布尼茨的充足理由律逻辑思想的具体实施。

值得说明的是，在伦理学上费希特深受莱布尼茨的道德本能说的影响，他认为实践自我本质上是绝对的、无限的，因此表现出一种克服异己的东西、追求自由和独立的冲动，他不断地力图克服自身的局限性，永不停息地追求着无限，这种无意识的冲动被费希特称为"良心"，伦理行为就是"按照你的良心行动"，道德被归结为良心的显现，康德的纯形式的绝对命令在生命体验中获得了充实，得到了具体的内容，同时又保证了其先验性。

　　概括地说来，莱布尼茨对德国古典哲学的影响可分为两方面，其一是对人的精神世界的奥秘的不断探索，在认识论上努力发掘人的先验的认识能力及其内在结构，费希特、谢林的理智直观思想更是对莱布尼茨直觉理论的直接继承，在伦理学上则表现为推崇人的实践能力，将自由置于核心的地位；其二是努力建构一套不同于传统形式逻辑的实质的逻辑作为哲学的根本方法和内在结构，经过康德、费希特等人的发展最终由黑格尔集其大成。在黑格尔那里通过最简单、最抽象的概念"纯有"的不断地自身否定、辩证发展，演绎出一个能动的范畴体系，世界万物都由之产生出来并被其规定，这固然达到了前所未有的系统性，也充分地暴露其弊端所在。本来莱布尼茨所憧憬的新逻辑是奠基于直觉的生命体验之上的，能够对存在进行恰如其分的言说，而在黑格尔那里逻辑成了存在本身，人的直觉体验则蜕变为逻辑的庞大的发展过程的一个环节。黑格尔的这种理性的僭越自然导致其对立面——意志主义的产生，意志主义以一种非理性的方式发展了莱布尼茨的直觉理论。

二　对意志主义的影响

　　叔本华大概是唯一的一个明确以充足理由律为基础

建立自己的系统的哲学体系的大哲学家，他对莱布尼茨的思想进行了重大的修正，他不像费希特、黑格尔等人那样发展出一套无所不包的范畴系统，而是主张回到康德的现象和物自体的严格区分，他的充足理由律是对现象界的各个方面的说明，实际上是对康德所提出的人的各种先验能力的继承和改造。叔本华的充足理由律作为现象界的根据可分为四个方面，即四重根：与感性相对应的是时间和空间，与知性相对应的是因果性，与理性相关的是形式逻辑的规则，与行为相关的是动机。叔本华的主要意图是要限制理性的僭越，他认为知性的唯一作用是运用因果性与时间、空间这些感性形式一起将杂乱的感觉材料整理为具有必然性的经验对象，不具任何思维的功能，而理性的功用仅在于运用形式逻辑的规则归纳整理经验对象，任何超验的使用都会导致谬误。这样现象和本体就在叔本华那里被严格地区分开了。

然而叔本华对康德停留于现象与物自体的对立的做法深为不满，但他认为要想把握本体不能像以后的德国古典哲学家那样给理性加上它所不具备的功能，这实际上倒退到康德批判哲学之前了，而是要寻求超越理性的更高的认识手段、认识方法，这就是著名的直觉主义认识论。可见他实际上以一种非理性的方式发展了莱布尼茨的直觉理论。

叔本华的直觉主义认识论主要体现在他的美学和伦

理学中，因之就有了两种直觉。其中审美直觉所认识的主要是意志的直接客体化——理念或艺术实体，是不彻底的，只有基于禁欲的伦理直觉才能真正地把握本体，以下所讲的直觉主要指伦理直觉而言。叔本华的直觉理论具有以下的特征：首先，直觉既非理性，也非感性，而是对两者的超越。如果把非理性定义为盲目的情感冲动的话，那么叔本华的直觉就很难被归入非理性的范围，毋宁说它是一种超越主义的（尽管叔本华的本体论是非理性的意志主义）。在他看来，情感和理性都是属于现象界的，都为盲目的必然性所束缚。其中情感受充足理由律的动机的支配，在欲望的漩涡中沉浮，其最普遍的形式是痛苦和无聊。而直觉则是超然于充足理性律之外的自由，恰恰是对盲目情感冲动的否定，这种直觉突破了主观客观的二元对峙，表现为一种物我两忘的神秘的精神状态。在直觉是对感官欲望的克服的、先于主客对立上，叔本华与莱布尼茨是一致的。

其次，直觉与理性无关，而是与情感有着密切的联系。在叔本华看来，理性只是为意志服务的工具，就像一个毕恭毕敬的奴仆永远不会起来反抗主人的统治，只有在激烈的情感之中，才是产生直觉的温床。当人们被盲目的欲望所愚弄，陷入极度的痛苦和空虚时，就有可能突然摆脱个体化原理的束缚，产生顿悟的直觉。于是摩耶之幕降了下来，世界的本体——盲目欲求的意志就昭然若揭。可见直觉尽管是对情感的否定，但情感却对直觉的产生具有巨大的催化作用，也只有在这种作用之下，才能实现从必然向自由的飞跃。这突出地表现了叔本华的非理性主义的思想。

再次，直觉不仅仅是消极的把握本体的方法，而且具有巨大的能动作用。当人们直觉到世界的本质是盲目欲求的意志时，就会自觉地对其进行否定，对此叔本华神秘地表述道："随着意志的取消，意志的整个现象也取消了；末了这些现象的普遍形式时间和空间，最后的基本形式主体和客体也都取消了。没有意志，没有表象，没有世界。于是留在我们之前的，怎么说也只是那个无了。"① 叔本华的生命意志与莱布尼茨的欲求是截然相反的，它不是追求完满的、向善的冲动，而毋宁是一切痛苦和罪恶之源，直觉在他那里是对生命意志的纯粹的否定，这与莱布尼茨要彰显道德本能的思想是大异其趣的。

叔本华的这种理论也有其内在的矛盾，他的本意是要克服康德的本体不可知论和体用对立，他的直觉固然把握了本体，但本体和现象在他那里并没有很好地统一起来，在他看来现象纯粹是消极之物，为了把握本体必须对其进行否定，因而本体和现象仍然处于尖锐的对立

① 叔本华:《作为意志和表象的世界》，石冲白译，商务印书馆1995年版，第562页。

之中，也正因此他不可避免地陷入到悲观主义的泥潭之中。正是为了解决叔本华的这种矛盾，他的继承人尼采毅然抛弃了他的悲观主义，尼采认为不应在禁欲的虚无之中把握本体，这反而会导致权力意志的萎靡，权力意志只有在活生生的现实之中才能真正彰显出来，现象和本体的对立由此得到了真正的克服。这样一来，叔本华的否定生命意志的静观的圣者就被充分体现生命冲动、极富创造性的超人所扬弃。尼采以一种极端的非理性行为发展了莱布尼茨的欲求和直觉理论。在他看来理性不但不能对权力意志的显发起辅助作用，反而会对之进行压抑和扼杀，在他看来正是苏格拉底、柏拉图的理性主义的兴起使西方文明长期处于颓废和危机之中。显然尼采的这种观点是很偏激的，这从反面证明莱布尼茨的将直觉与理性相统一的思想才是合理的。

三　对现象学的影响

（一）胡塞尔与莱布尼茨

如上所说，莱布尼茨的直觉理论为德国古典哲学和意志主义所继承发展，但他们又都遇到了各自的困难：费希特的先验逻辑本是建立在理智直观之上的，但先验逻辑的演绎、展开却脱离了直观的范围，成为一种独立的运作，黑格尔更是将逻辑视作是最根本的实在，把直观经验作为逻辑的宰割对象，从而陷入一种新形式的独断论。意志主义反对这种理性的僭越，却沉溺到了非理性的神秘主义的窠臼之中。莱布尼茨哲学中隐含的直觉与理性的相统一思想直到胡塞尔那里才获得了恰当解决的可能，这是由于胡塞尔对以往人们视作是不可捕捉的直觉进行了深入细致的剖析，提出了一套系统的、可操作的现象学方法。

胡塞尔认为哲学要成为严格的科学就必须建立在绝对的被给予的基础之上，摆脱似是而非的玄想，哲学的每一个步骤都要在自明性的直观中进行，这就是他的现象学方法。他的这种现象学方法可粗略地分成两个部分：即现象学还原和本质直观。现象学还原又称为悬置，它要求将一切非绝对给予的东西放到括弧内存而不论，从而还原到自明性的现象学经验中。这与笛卡尔的普遍怀疑颇有类似之处，但胡塞尔认为笛卡尔的普遍怀疑还不彻底、不纯粹，这主要表现在两方面：第一，他认为笛卡尔的普遍怀疑的剩余物"我思故我在"并没有达到纯粹的自明性，"我思"作为实体是在绝对被给予的领域之外的，是以精神世界与物质世界的对立为前提的，他的"我"仍是处于物质世界之中的经验自我，仍有待于进一步地还原。第二，由于笛卡尔的"我思"是不纯粹的，因而他没有发现作为现象学经验的根本结构——意向性，他的自我似乎可以孤零零地、自在地存在。在胡塞尔看来这违反了意识活动和意识对象不可分割的现象学事实。通过第三章的论述我们可发现莱布尼茨对笛卡尔的批判与胡塞尔的以上思想表现出某种令人惊讶的类似，莱布尼茨认为笛卡尔的以主客对立为根本特征的自我学不能成为真正的本体论，从而建立起了以超越主客对立、前自我的微知觉为本质规定的单子论，以超越笛卡尔的二元分立，使精神成为真正的本体。莱布尼茨也注意到了精神的意向性结构，并赋予其核心的地位，针对笛卡尔只强调"我思"，他指出："不仅我的思想对我来说是直接的明明白白的，而且我有不同的思想，以及有时我想着 A，有时我想着 B，如此等等，也都对我来说是完全一样明明白白的。"① 在其欲求、知觉学说中这种意向性起着至关重要的作用。因而胡塞尔称他天才地预见到了意向性理论。

胡塞尔的现象学方法的另一个主要方面是本质直观学说，现象学还原所得到的绝对被给予性只是一些个别现象，现象学要成为科学必须从个别上升到一般，这就需要本质直观。本质直观是在现象学还原的个别直观的基础上进行的，通过一种"目光的转换"，意向活动离开个别现象而指向一般之物。在 1907 年的《现象学的观念》的讲座中胡塞尔以红为例对之进行了说明："关于红，我有一个或几个个别直观，我抓住纯粹的内在，

---

① 莱布尼茨：《人类理智新论》，商务印书馆 1996 年版，第 160 页。

我关注现象学的还原。我除去红此外还含有的、作为能够超越地被统摄的东西，如我桌子上的一张吸墨纸的红等；并且我纯粹直观地完成一般的红和特殊的红的思想的意义，即从这个红或那个红中直观出同一的一般之物；现在个别性本身不再被意指，被意指的不再是这个红或那个红，而是一般的红。"① 胡塞尔认为对意识活动的直观在本质上与对红的直观是一样的，"只是认识显然不是像红这样一种简单的事物，必须对认识的杂多形式和种类进行区分，不仅如此，还必须在它们之间的相互本质联系中对它们进行研究。……这些关系的结果便是智慧形式的各种本质类型的本质关系。同时，对认识的理解还包括对原则的最终阐明，这些法则作为科学客观性的可能性的观念条件支配着所有作为规范的经验科学的过程。"② 通过对意识活动的各种类型及其关系的本质直观，胡塞尔建立起了严格科学的哲学并为各种经验科学奠定了坚实的基础。值得说明的是，1927 年之后胡塞尔对其本质直观的方法进行了修正，他认为仅靠"目光的转换"是不够的，本质直观必须实行自由想象的变更，从而使其本质直观更严谨、更具有操作性。③

---

① 胡塞尔：《现象学的观念》，倪梁康译，上海译文出版社 1981 年版，第 49—50 页。

② 同上书，第 50—51 页。

③ 倪梁康：《胡塞尔现象学概念通释》，三联书店 1999 年版，第 42—43 页。

胡塞尔的本质直观学说与以往的包括莱布尼茨在内的直观学说相比有了重大的突破，这表现为两方面，第一，以往的直观往往表现出一种不可捉摸的神秘性，就像是突如其来的灵感一样。而胡塞尔的本质直观则具有严格的可操作性、可重复性。第二，以往的直观通常是在哲学的核心部分或某些方面起作用，而胡塞尔则严格要求哲学思维的每一个步骤都必须在绝对自明性的直观中进行，以保证其确定性。与胡塞尔的现象学方法比较起来，莱布尼茨的直觉思想当然还是处于一种原始的萌芽状态，但他们之间仍有着不少共同之处，他们都力图把握一种具体的、非符号的先验的本质，莱布尼茨的直观非常强调经验的助缘的作用，这与胡塞尔将本质直观建立在个体直观之上是相通的。还有一点值得指出的是，尽管他们都对科学和逻辑问题非常关注，但他们却存在着某种气质上的差异，胡塞尔的现象学方法表现出一种典型的书斋似的对繁华尘世的漠视和超然，而莱布尼茨的直觉理论则充满了生命的冲动和道德的热情（海德格尔对此有着明确的认识，因而他对莱布尼茨的思想进行了某种生存论的阐发，详见下一节）。

总之，正是由于莱布尼茨思想中隐含着丰富的现象学因素（意向性、直接把握本质、经验的助缘等），胡塞尔始终对他保持着敬意，对他的思想作出了很高的评价，认为莱布尼茨在近代哲学中是"第一个认识了观念

（idee）便是在特有的观念直观（ideenschau）中自身被给予的统一性的人"，显然，胡塞尔是把莱布尼茨作为现象学的先驱者来看待的。

胡塞尔与莱布尼茨的密切关系还突出地表现在他后期的现象学对莱布尼茨单子论的直接援引中。自 1907 年起胡塞尔将意向性概念与构造思想结合起来，认为意识活动不仅指向意识对象，而且在自身中将之构造出来，这样他就实现了从描述现象学向先验现象学的转变。胡塞尔将这种作为纯粹主体性的意识活动称为先验自我，它显然不同于笛卡尔的"我思"，它是处于主客对立之先的，胡塞尔直接将这种先验自我称作单子，他显然是看中了莱布尼茨的单子的超越主客对立、非统觉的特性，并沿着费希特的道路对莱布尼茨的单子论作了先验唯心论的解释。

此外当胡塞尔为了克服唯我论而提出"先验的交互主体间性"的概念时，也直接援引了莱布尼茨的"前定和谐"的思想。他指出："两个唯我论的主体可以作为两个时空世界的主体被构造出来，这两个世界本身虽然完全相同也各自互不相干，谈论在这两个世界中的共同事物是毫无意义的。"[1] 即每一主体都独自构造自己的世界，彼此互不相干，类似于无窗户的单子。"只有当两

---

① 倪梁康：《现象学的意向分析与主体自识、互识和共识之可能》，《中国现象学与哲学评论·第一辑》，第 88 页。

个主体在其发生方面处于一种特别的'前定和谐'之中，以至于每一个主体在自身中都必须构造出'陌生身体'，而且每一个主体都能够并必须将它们立义为陌生主体的身体，并且，与此相一致，只当事物显现的过程在两个主体中具有协调，这种协调才使得相互的同感成为可能，只有这时，这一个主体的世界才同时也是另一个主体的世界，而另一个主体的世界也同时是这一个主体的世界。"① 胡塞尔认为每一个先验自我都独立地在自身中构造出自然事物和他人，只是由于这种先验的构造活动存在着一种"前定和谐"，一个共同的世界才成为可能，他又将这种处于先验的交互主体间性的先验自我称为"单子共同体"。正是由于以上这些原因，胡塞尔对莱布尼茨的单子论给出了极高的评价，认为"他的整个单子论是历史上最伟大的预测之一。任何一个完全理解这一学说的人，都承认它具有伟大的真理内容"②，并明确承认"现象学导向莱布尼茨在天才的警句中所预测的单子论"③。

胡塞尔对莱布尼茨的单子论的这种先验现象学的解释无疑是极有价值的，但这并非不可怀疑的定论，海德

① 倪梁康：《现象学的意向分析与主体自识、互识和共识之可能》，《中国现象学与哲学评论·第一辑》，第88页。

② 《胡塞尔选集》，上海三联书店1997年版，第1172页。

③ 倪梁康：《胡塞尔现象学概念通释》，三联书店1999年版，第299页。

格尔就从完全不同的角度对单子论作出了全新的阐发。

（二）海德格尔与莱布尼茨

海德格尔早期力图从生存论的角度对莱布尼茨哲学进行阐发，从现有的资料上看这集中体现在他的著作《（以莱布尼茨为出发点的）逻辑的形而上学基础》以及著作集《路标》所收录的《最后一次马堡讲座节选》一文中。在该文的开始他开宗明义地说道："这个讲座……端出了一个任务：尝试作一种对莱布尼茨的辨析。当时，指导这个意图的，乃是对人的绽出的'在世界中存在'的考察，而这种考察是根据存在问题的洞见来进行的。"① 可见，海德格尔与胡塞尔的那种先验唯心论的解释截然不同，他力图在莱布尼茨哲学中发掘生存论的成分。海德格尔这方面的相关思想可简要地分为以下两方面：

第一，海德格尔认为莱布尼茨单子论的本真意图是从主体性出发探讨存在者的存在问题。他说道："单子论意在说明存在者之存在。因此就必须从某处获得一个典范的存在理念。……恰恰我们自己的存在纠缠着我们。所以，撇开其他原因不谈，追问者本己的存在在某种程度上始终是指导线索，在单子论的纲要中情形亦然。"② 他认为莱布尼茨以一种粗糙的、有待进一步澄清

① 海德格尔：《路标》，孙周兴译，商务印书馆2000年版，第89页。
② 同上书，第96页。

的方式触及了《存在与时间》的主题——从主体出发追问存在者的存在。"（莱布尼茨说道）'如果我们本身不是存在者，不能在自身中发现存在，那么我们怎么可能拥有存在的观念。'没有存在的观念我们不能是我们所是，即存在的理解对此在是构成性的。我们自身是存在观念的源泉，但这个源泉应被理解为此在的首要的超越，这就是从主体得出存在观念的含义。仅仅就主体是某种超越的东西而言，存在的理解才属于主体。"①海德格尔认为，莱布尼茨的单子的本质规定——欲求正是体现了主体的超越性，而且这种超越性是在独一无二的个体中进行的。这与《存在与时间》的通过"向死而在"的超越而获得本真的个体性以领悟存在的思想有某种相通之处。海德格尔继续评论道："通过求助于主体，莱氏提出和解决了存在问题。在莱布尼茨及其前辈和后继者那里，这种对自我的求助仍是含糊不清的，这是因为'我'自身并没有在它的本质结构及其特殊的存在方式上被理解。这就是为什么莱布尼茨给人这种印象：对存在者的单子论式的解释仅仅是拟人说和万物有灵论。但莱布尼茨不应该被这样肤浅地对待，他企图给这种类比以哲学上的说明：'因为事物的本性是一致的，我们的本性不可能与宇宙中的其他实体完全不同。'这种解释

---

① Heidegger, The metaphysical foundation of logic, p. 88.

是一种一般的本体论原则，它自身还需要证据。"① 总
之，海德格尔认为莱布尼茨的单子论不应该被视作是拟
人说和万物有灵论，而是试图从主体出发探索存在者的
存在的尝试。

　　第二，海德格尔认为莱布尼茨的单子不是像胡塞尔
所说的孤零零的、构造世界的主体，而是与世界不可分
割地联系在一起，是一种在世界中的存在。这从前面所
引用的《最后一次马堡讲座节选》的开场白中就可明显
地看出来（值得指出的是，这一思想对笔者的莱布尼茨
的解释影响颇大）。海德格尔认为，莱布尼茨的欲求作
为冲动是单子的统一性的根源，"如果冲动被认为是赋
予统一，那么它自身必须是单纯的，没有部分。如果实
体是单纯的统一，那么必须已经有多样性的东西被它统
一，统一的东西本质上必然与多样性有关联"。② 即单子
的一不能与多相分离，是多中之一，"就冲动是原始的
统一而言，它必须已经先于任何可能的多样性，必须能
够处理每一种可能的多样性，即它必须已经超越和克服
了多样性。因此，冲动必须在其自身携带着多样性，并
允许它在冲动中诞生，这就是冲动的'世界'特性。多
样性在冲动中有其根源"。③ 因而单子是不能脱离世界而

① Heidegger, The metaphysical foundation of logic, p. 88.
② Ibid. , p. 89.
③ Ibid. , p. 91.

存在的，是世界的"活的镜子"。在《最后一次马堡讲座节选》中海德格尔指出："由于每一个单子都以其向来特定的方式是世界——只要它呈现着这个世界——故每一种欲望都与宇宙一道处于 consensus（一致）中。根据每一种表象着的欲望与宇宙的这种一致性，诸单子本身在自身中间也处于一种联系中。在关于表象着的、倾向于过渡的欲望的单子的观念中，包含着这样一回事情，即：世界向来在一种透视的折射中归属于单子，因此，作为欲望的统一体，一切单子自始就以存在者之大全（All）的先定和谐为定向，这就是：harmonia praestabilitia（先定和谐）。"① 即单子与世界，以及单子之间是共在的，处于难分彼此的"前定和谐"之中。

我们知道，胡塞尔以及传统的对单子论的先验唯心论的解释的主要根据之一是"单子是没有窗子的"，因而单子是在自身中构造世界的孤独的主体。海德格尔对此提出了两点反驳：其一，"每个单子都是宇宙的观点，单子之间是和谐的。因而单子没有窗户，因为它们不需要"。②即单子本身就与世界水乳交融，难分彼此，因而不需要供外物进出的窗户。其二，海德格尔还认为"单子无窗户"表明单子的欲求是绝对自主的，而非来自外界的推动。"没有一个实体能够给与其他实体以欲望，

---

① 海德格尔：《路标》，商务印书馆 2000 年版，第 114 页。

② Heidegger, The metaphysical foundation of logic, p. 99.

即它们的本质要素。……一个实体与其他实体的关系唯一地是限定的关系，因而就是一种否定的关系。"①

总之，在这一时期海德格尔努力发掘莱布尼茨思想中的生存论的意味，对之给予了很高的评价，视其为自己的思想先驱之一。然而，随着他的哲学思想的转变，他放弃了早期的从主体追问存在的道路，转向到存在的自身显现，这时他对莱布尼茨的态度有了很大的变化，在高度重视的同时伴随着一种激烈的批判态度，这集中体现在1957年出版的《理由律》一书中。

海德格尔认为，理由律，即没有什么是无理由的，可说是渗透到生活的方方面面以至于人们对之熟视无睹，在西方思想史上从公元前6世纪的古希腊开始竟花了2300年才由莱布尼茨在17世纪将之作为一个基本的原则提出来。海德格尔认为这绝不是一个偶然的事件，理由律的长久的潜伏期的结束标志着一个新时代的开始。他认为莱布尼茨以及所有的近代思想家都是追随笛卡尔的，将人视作是把世界作为客体来表象的主体，理由律在此起着关键的作用，"当表象的关联的理由被指回到——和明白提供给——自我时，被表象者才首次被明确地建立为客体，即表象着的主体的客体。"②即正是理由律向被表象者索取理

① 海德格尔：《路标》，商务印书馆2000年版，第94页。

② Heidegger, The principle of reason, p. 119, translated by Reginald Lilly, Indiana University Press, 1991.

由的要求使得主体、客体真正成立起来。理由律之所以又被称作充足理由律，是因为它对这种理由的要求是强烈的、全面的，因而主、客体的分化和对立也就越发显得突出。海德格尔指出："在历史上以一种潜在而不彰著的方式，莱布尼茨不仅决定了近代逻辑发展成逻辑主义和思想机器（thinking machine），不仅决定了在德国唯心论哲学及其后继者中的对主体的主体性的更激进的解释，莱布尼茨的思想（还）支撑和铸造了我们所说的现时代的形而上学的基本趋势。……只有通过回顾莱布尼茨所思想的，我们才能看清现时代——即一个被称作原子时代的时代——是一个完全被充足理由律所统治的时代。对所有表象提供充足理由的要求在今天以'原子'和'原子能'的名义说话。"[1]海德格尔认为正是莱布尼茨的主张主客分立的充足理由律导致了现代社会的危机，人们只知贪婪地向自然索取理由，以便将之置于自己的控制之下，而完全遗忘了存在本身。

海德格尔主张抛弃传统的看待充足理由律的态度，去倾听它的弦外之音。他认为，对于充足理由律，即没有什么是无理由的，人们通常只注重"理由"一词，这就导致了向外索取理由的计算的思维方式，而实际上为人所忽视的系词"是"才是理由律的基调所在。这样充足理由律就

---

① Heidegger, The principle of reason, translated by Reginald Lilly, Indiana University Press, 1991, p. 33.

从关于存在者的原则转换为存在的原则，它所诉说的是"存在就是理由"，海德格尔将这种不同于向外索取理由的计算而是转向存在本身的思想方式称为沉思。他引用了17世纪神秘主义诗人安格鲁斯·西勒修斯（Angelus Silesius）的两行诗对此进行说明：

> 玫瑰没有为什么，它开放只因为开放，
> 它不注意它自身，也不问是否被看见。①

第一行诗中的"为什么"和"因为"指的是对理由律的两种不同的理解，前者正是现代人的那种刨根问底、将天地万物当做原材料的那种计算态度，而"因为"是对这种向外索取理由的"为什么"的否定，以一种泰然任之的态度回到存在本身。海德格尔指出："这段诗的言外之意正是说人在其本质存在的隐蔽的根基中，首先正是以自身的方式像玫瑰一样没有为什么"②，他认为只有这样才能克服现代技术所造成的深重危机。

通过以上简要的论述可知此时海德格尔对莱布尼茨的解释与他早期的阐发大相径庭，不少地方甚至正好相反。他早期认为莱布尼茨的单子是一种"在世界中存

---

① Heidegger, The principle of reason, translated by Reginald Lilly, Indiana University Press, 1991, p. 35.

② Heidegger, The principle of reason, p. 38.

在"，其逻辑学不是传统的形式逻辑而是有具体内容的哲学逻辑，到了后期他却转而认为莱布尼茨的充足理由律造成了主客分立，使人成为向客体索要理由的贪婪的主体，并造成了现代技术的危机。当然，我们可以理解海德格尔的这种态度的变化是试图更深入、更方便地阐发现代技术问题，然而这对于莱布尼茨本人是不公正的。通过第三章的论述可知莱布尼茨本人是明确地反对笛卡尔的主客分立学说的，他的单子论的一个非常重要的推动力就是要克服这种主客之间的尖锐的冲突，因而海德格尔后期对莱布尼茨充足理由律的解释应该说是一种"误读"。笔者认为莱布尼茨充足理由律所蕴涵的真正意味恰恰是要克服主客对立的思想根源——形式逻辑的思维方式，将逻辑建立在直观的生存体验之上，使直观和理性统一起来。实际上海德格尔本人早期也是持这种类似的观点的。

针对海德格尔后期的偏见，克里斯丁为莱布尼茨进行了热情的辩护，他指出："莱布尼茨对'思想意味着什么？'这一问题的回答并不完全在计算的范围内，而是计算和沉思（在海德格尔的意义上）的结合，在深刻性上大概只有希腊思想的黎明时期可与之媲美。如果我们遵循莱布尼茨哲学构想的准确路线，可以发现一些接近海德格尔的'存在的思想'（Seinsdenken）的证据。从理论的观点看，在这一方向上的首先的和最重要的步骤是莱布尼茨对笛卡尔的思想（cogito）的孤立的拒斥。莱布尼茨用主体和客体间的相互关联取代了笛卡尔哲学的核心思想：思维实体与广延实体的严格区分。个体的思维实体与偶性相关联，形成了单子—偶性结构，这超越了那时的所有的科学的、理性的思想，将我们带回到包括亚里士多德在内的古希腊思想家的本体论的融合。因而思维的实体不仅不与其自身相隔离，甚至与超越的客体性相关联。莱布尼茨沿这条道路走得如此之远以至于认为'思维自身'与'思维对象'互相归属：他甚至将这种关系描绘为'互为本原'（co-originality），这表明了前苏格拉底（特别是巴门尼德）主体的本体论的再发现，这后来在海德格尔那里得到了完整的发展。"①

克里斯丁认为莱布尼茨的思想并不像海德格尔本人所认为的那样与其后期思想相对立，而是存在着类似之处的，"海德格尔的存在思想关涉到一个整体，一个几乎是绝对：例如 Ereignis 和 Geviert 的本体论隐喻代表了一个完整的视阈（horizon）。……对存在的整体的关注在莱布尼茨那里更为明显：单子和太上单子的整个系列的关系勾画出本原的本体论的层面，它对应于本真的单子论的思想。无疑，从这一观点看，莱布尼茨与海德格尔有类似之处：对海德格尔而言，思想意味着思想存在，而对莱布尼茨而

---

① Cristin, Heidegger and Leibniz: Reason and the Path, p. 89.

言，思想意味着表象和谐。为了思想和谐，人们必须把所有特殊的真理保留在真理的重力的田野，把思想的个别的形式吸入最高的形而上学思想。这种对形而上学的需求也在某种程度上表现在海德格尔那里，特别是在事实的真理和存在的真理或真理的本质的分离中，在存在的思想（Seinsdenken）的专有田野上"。[1]

笔者认为，不管莱布尼茨与后期海德格尔的真实关系到底是怎样的，把莱布尼茨作为现代技术危机的罪魁祸首的观点是有失公允的，我们倒是可以这样说，莱布尼茨的直觉理论所展现的爱与和谐的思想对于身心俱疲的现代人不啻是一剂良药。

总之，作为"德国哲学之父"的莱布尼茨对德国哲学的发展有着潜移默化的深刻影响，这主要表现在他的在直觉与理性相统一的学说所体现出的反对将形式逻辑运用于形而上学的思想上，正是他的这种思想使得德国哲学表现出与英美分析哲学截然不同的特性，我们几乎可以在每一种德国哲学流派乃至每一个德国哲学家身上找到莱布尼茨的影子。通过本书的论述可知，莱布尼茨的以直觉理论为本原的哲学思想远非是供人凭吊的历史陈迹，而像是一股弥久常新的智慧之泉，不断地为流连其间的人们喷涌出新的灵感和启迪。

---

[1]　Cristin, Heidegger and Leibniz: Reason and the Path, p. 89.

参考文献

莱布尼茨著作

New Essays on Human Understanding, translated by Remnant Perer, 1982, Cambridge.

Discourse on Metaphysics, Correspondence with Arnald and Monadology, 1918, translated by DR. George R. Montgomery. the open court publishing CO.

The Monadology and other philosophical writings, translated with introduction and notes by Robert Latta, 1898, The Clarendon Press, Oxford.

Theodicy, translated by E. M. Huggard, 1951, Routledge & Kegan Paul LTD, London.

《人类理智新论》，陈修斋译，商务印书馆 1996 年第 1 版。

《莱布尼茨与克拉克论战书信集》，陈修斋译，武汉大学出版社 1983 年第 1 版。

《新系统及其说明》，陈修斋译，商务印书馆 1999 年第 1 版。

《莱布尼茨自然哲学著作选》，祖庆年译，中国社会科学出版社 1985 年第 1 版。

莱布尼茨研究著作

Russell, A Critical Exposition of the Philosophy of Leibniz, 1900, Cambridge.

Rescher, The Philosophy of the Philosophy of Leibniz, 1967, New Jersy.

Rescher, Leibniz's Metaphysics of Nature, 1981, D. Reidel Publishing Company.

G. . W. Leibniz: Critical Assessments , (Ⅰ , Ⅱ , Ⅲ , Ⅳ), 1994, London and New York.

Heidegger, The metaphysical foundation of logic, 1984, translated by Michael Heim , Bloomington.

Cristin, Heidegger and Leibniz: Reason and the Path, 1998, translated by Gerald Parks. Kluwer Acadi Mic Publishers.

费尔巴哈：《对莱布尼茨哲学的叙述、分析和批判》，涂纪亮译，商务印书馆 1985 年第 1 版。

罗素：《对莱布尼茨哲学的批评性解释》，段德智、张传有、陈家琪译，商务印书馆 2000 年第 1 版。

罗斯：《莱布尼茨》，张传有译，中国社会科学出版社 1987 年第 1 版。

陈修斋：《陈修斋哲学与哲学史论文集》，武汉大学出版社 1995 年第 1 版。

陈修斋、段德智：《莱布尼茨》，台北东大图书公司 1994 年第 1 版。

段德智：《莱布尼茨对现代西方哲学的影响》，载《武汉大学学报（社科版）》1996 年第 6 期。

段德智：《论莱布尼茨的自主的和神恩的和谐学说及其现时代意义》，载《世界宗教研究》2000 年第 1 期。

江畅：《自主与和谐》，武汉大学出版社 1995 年第 1 版。

桑靖宇：《意识之后的实在——论莱布尼茨微知觉理论的本体论意义》，载《湖北大学学报（社科版）》2000 年第 1 期。

其他著作

胡塞尔：《胡塞尔选集》，倪梁康编选，上海三联书店 1997 年第 1 版。

胡塞尔：《现象学的观念》，倪梁康译，上海译文出版社 1986 年第 1 版。

　　胡塞尔：《现象学的方法》，倪梁康译，上海译文出版社 1994 年第 1 版。

　　胡塞尔：《纯粹现象学通论》，李幼蒸译，商务印书馆 1995 年第 1 版。

　　胡塞尔：《欧洲科学危机与超验现象学》，张庆熊译，上海译文出版社 1994 年第 1 版。

　　胡塞尔：《经验与判断》，邓晓芒、张廷国译，三联书店 1999 年第 1 版。

　　Hussel, Cartesian Meditations, translated by Dorion Cairns, M. Nijhoff 1997.

　　舍勒：《舍勒选集》，刘小枫编选，上海三联书店 1999 年第 1 版。

　　舍勒：《爱的秩序》，林科等译，三联书店 1995 年第 1 版。

　　舍勒：《人在宇宙中的地位》，李伯杰译，贵州人民出版社 1989 年第 1 版。

　　海德格尔：《海德格尔选集》，孙周兴选编，上海三联书店 1996 年第 1 版。

　　海德格尔：《存在与时间》，陈嘉映译，三联书店 1987 年第 1 版。

　　海德格尔：《路标》，孙周兴译，商务印书馆 2000 年第 1 版。

Heidegger, The principle of reason, translated by Reginald Lilly, 1991, Indiana University Press.

Heidegger, Martin Heidegger basic writings, edited by David Farrell Krell, 1976, Haeper & Row Publishers.

萨特：《存在与虚无》，陈宣良译，三联书店 1987 年第 1 版。

萨特：《萨特哲学论文集》，潘培庆、汤永宽、魏金声等译，安徽文艺出版社 1998 年第 1 版。

伽达默尔：《真理与方法》，洪汉鼎译，上海译文出版社 1999 年第 1 版。

伽达默尔：《哲学解释学》，夏镇平、宋建平译，上海译文出版社 1994 年第 1 版。

斯皮格伯格：《现象学运动》，王炳文、张金言译，商务印书馆 1995 年第 1 版。

施太格缪勒：《当代哲学主流》，王炳文等译，商务印书馆 1986 年第 1 版。

德布尔：《胡塞尔思想的发展》，李河译，三联书店 1995 年第 1 版。

叶秀山：《思·史·诗——现象学与存在哲学研究》，人民出版社 1988 年第 1 版。

倪梁康：《现象学及其效应》，三联书店 1997 年第 1 版。

倪梁康：《胡塞尔现象学概念通释》，三联书店 1999

年第 1 版。

张庆熊：《熊十力的新唯识论与胡塞尔的现象学》，上海人民出版社 1995 年第 1 版。

张祥龙：《海德格尔传》，河北人民出版社 1998 年第 1 版。

彭富春：《无之无化——论海德格尔思想道路的核心问题》，上海三联书店 2000 年第 1 版。

万俊人：《于无深处——重读萨特》，四川人民出版社 1996 年第 1 版。

Rudiger Bubner, Modern German philosophy, translated by Eric Matthews, 1981, Cambridge.

D. W. Hamlyn, A History of Western Philosophy, 1987, Penguin Books Ltd. London.

Frank Thilly, A History of Philosophy, 1926, Henry Holt and Company, New York.

Simon Blackburn, Oxford Dictionary of Philosophy, 上海外语教育出版社 2000 年第 1 版。

费尔巴哈：《费尔巴哈哲学史著作选》第 1 卷，涂纪亮译，商务印书馆 1978 年第 1 版。

文德尔班：《哲学史教程》，罗达仁译，商务印书馆 1993 年第 1 版。

梯利：《西方哲学史》，葛力译，商务印书馆 1995 年第 1 版。

《十六—十八世纪西欧各国哲学》，商务印书馆 1975年第 1 版。

笛卡尔：《第一哲学沉思录》，庞景仁译，商务印书馆 1986 年第 1 版。

斯宾诺莎：《伦理学》，贺麟译，商务印书馆 1983年第 2 版。

斯宾诺莎：《知性改进论》，贺麟译，商务印书馆 1960 年第 1 版

罗斯：《斯宾诺莎》，谭鑫田、傅有德译，山东人民出版社 1992 年第 1 版。

洪汉鼎：《斯宾诺莎哲学研究》，人民出版社 1993年第 1 版。

休谟：《人类理解研究》，关文运译，商务印书馆 1957 年第 1 版。

休谟：《人性论》，关文运译，商务印书馆 1980 年第 1 版。

康德：《康德原著选读》，约翰·华特生编选，韦卓民译，商务印书馆 1963 年第 1 版。

康德：《实践理性批判》，韩水法译，商务印书馆 1999 年第 1 版。

康德：《未来形而上学导论》，庞景仁译，商务印书馆 1978 年第 1 版。

费希特：《全部知识学的基础》，王久兴译，商务印

书馆 1986 年第 1 版。

梁志学:《费希特耶拿时期的思想体系》,中国社会科学出版社 1995 年第 1 版。

谢林:《先验唯心体系》,梁志学、石泉译,商务印书馆 1976 年第 1 版。

黑格尔:《小逻辑》,贺麟译,商务印书馆 1980 年第 2 版。

海涅:《海涅选集》,张玉书编选,人民文学出版社 1984 年第 1 版。

叔本华:《作为意志与表象的世界》,石冲白译,商务印书馆 1982 年第 1 版。

叔本华:《充足理由律的四重根》,陈晓希译,商务印书馆 1996 年第 1 版。

尼采:《悲剧的诞生》,周国平译,三联书店 1987 年第 1 版。

陈修斋主编:《欧洲哲学史上的经验主义和理性主义》,武汉大学出版社 1995 年第 1 版。

杨祖陶:《德国古典哲学的逻辑进程》,武汉大学出版社 1993 年第 1 版。

杨祖陶、邓晓芒:《康德〈纯粹理性批判〉指要》,湖南教育出版社 1997 年第 1 版。

徐瑞康:《欧洲近代经验论和唯理论哲学发展史》,武汉大学出版社 1997 年第 1 版。

邓晓芒：《思辨的张力——黑格尔辩证法新探》，湖南教育出版社 1992 年第 1 版。

邓晓芒：《胡塞尔现象学对中国学术的意义》，载《江苏社会科学》1995 年第 1 期。

邓晓芒：《胡塞尔现象学导引》，载《中州学刊》1996 年第 6 期。

邓晓芒：《马克思的人学现象学思想》，载《江海学刊》1996 年第 3 期。

赵林：《黑格尔的宗教哲学》，武汉大学出版社 1996 年第 1 版。

赵林：《西方宗教文化》，长江文艺出版社 1997 年第 1 版。

附录 1

对莱布尼茨《单子论》
的翻译和解释

　　《单子论》是莱布尼茨去世前几个月完成的著作（1714），虽然篇幅不长，却是他哲学思想最成熟、最系统的表达，在历史上有着重大的影响。该文极其简练，未作展开说明，不少地方难免给读者带来理解上的困难。译者以 Robert Latta 1898 年英译本为主，参考各家英译本，并借鉴前辈的两种中译本，试图为中国读者提供一个忠实可靠的译本。《单子论》作为莱布尼茨一生哲学思想的总结，言简义深，理解起来绝非易事。译者对难解之处给出了尽可能符合其原意的解释，并把全文分成十个部分，并加上标题，以为读者提供便利。

The Monadology, 1714
translated by Robert Latta 1898

第一部分　单纯实体（第1—9节）

1. The Monad, of which we shall here speak, is nothing but a simple substance, which enters into compounds. By "simple" is meant "without parts". (Theod. 10.)

我们这里所要谈论的"单子"，不是别的而是构成复合物的单纯实体，"单纯"指的是"没有部分"。（参见《神正论》第10节）

2. And there must be simple substances, since there are compounds; for a compound is nothing but a collection or aggregatum of simple things.

一定存在着单纯实体，因为有复合物存在；复合物只是单纯物的集合或堆集。

3. Now where there are no parts, there can be neither extension nor form (figure) nor divisibility. These Monads are the real atoms of nature and, in a word, the elements of things.

在没有部分的地方，不可能有广延、形状和可分性。这些单子是自然的、真正的原子，即事物的元素。

解释：

"实体"是西方哲学传统中的核心概念，其基本含义是指，在事物变动不居的现象后面有一个不变的东西。莱布尼茨的实体概念强调"没有部分"的"单纯性"，即不具有量的规定性（广延、形状和可分性等），这是对早期近代哲学建立在机械力学基础上的物质实体学说（物质是广延或物质是原子）的批判，表现出了莱布尼茨对古代哲学的尊重和继承。

值得注意的是，第二节中的"复合物只是单纯物的集合或堆集"可以有两种解释，第一种是字面上的，即单子堆集在一起就构成了物质。但不占空间的单子如何能够堆集成占有空间的物质呢？而且这样一来，实体与现象的关系就成了堆集与被堆集的量的差别，这显然是违背莱布尼茨哲学思想的。第二种解释是唯心论的，指单子以某种方式构造出了物质，具体内容有点复杂，将在后面论述（第61节的解释）。

单子（monad）一词源于希腊文 monas，意指"个体"（unity）或"一"。在近代，吉欧达诺·布鲁诺（Giordano Bruno）、亨利·摩尔（Henry More）、安妮·康韦（Anne Conway）、赫尔蒙特（F. M. von Helmont）也是用了这一术语。莱布尼茨的单子概念曾受到安妮·康韦和赫尔蒙特的直接影响。① 值得注意的是，其他近代哲学家的单子概念，往往指作为自然的基本要素的物理—心理统一体，莱布尼茨 1690 年首次使用单子概念时也是指这一意义，即由心灵和身体构成的单个的生命体，莱氏本人将之类比为亚里士多德的形式—质料实体观。但最迟在 1695 年的《新系统》中莱氏抛弃了这种亚里士多德主义，认为真正的实体或单子只能是非广延的精神，这标志着莱布尼茨哲学思想的真正定型和成熟，并在 1714 年的《单子论》中得到了最清楚的表达。

4. No dissolution of these elements need be feared, and there is no conceivable way in which a simple substance can be destroyed by natural means. (Theod. 89.)

不必担心这些元素会消亡，因为不可想象单纯实体会以自然的方式而被毁灭。（参见《神正论》第 89 节）

5. For the same reason there is no conceivable way in which a simple substance can come into being by natural means, since it cannot be formed by the combination of parts (composition).

---

① 卡罗琳·麦西特："康韦、范·赫尔蒙特与莱布尼茨的单子论"，《自然之死》第 11 章第 2 节，吴国盛等译，吉林人民出版社 1999 年版。

同理，不可想象单纯实体会以自然的方式而产生，因为它不是由部分的组合而构成的。

6. Thus it may be said that a Monad can only come into being or come to an end all at once; that is to say, it can come into being only by creation and come to an end only by annihilation, while that which is compound comes into being or comes to an end by parts.

因而可以说，单子只能突然地产生或消亡；也就是说，它只能通过创造而产生，通过毁灭而消亡，而复合物则部分地产生或消亡。

解释：

所谓"以自然的方式"，即通过量的变化或部分的变化的方式，既然单子是没有部分的单纯实体，不具有量的规定性，单子就不能以自然的方式产生或消亡，只能由于上帝的超自然的奇迹而产生或消亡。以此，莱布尼茨将近代科学的量的分析限制在现象领域，而将本体界保留给哲学和宗教。

7. Further, there is no way of explaining how a Monad can be altered in quality or internally changed by any other created thing; since it is impossible to change the place of any-

thing in it or to conceive in it any internal motion which could be produced, directed, increased or diminished therein, although all this is possible in the case of compounds, in which there are changes among the parts. The Monads have no windows, through which anything could come in or go out. Accidents cannot separate themselves from substances nor go about outside of them, as the "sensible species" of the Scholastics used to do. Thus neither substance nor accident can come into a Monad from outside.

而且，无法解释单子如何可能被其他的创造物施以质的改变或内在的变化；因为不可能改变它内部的任何东西的位置，也不可想象在其中任何内部的变化能够被产生、引导、增加或减少，而所有这些在复合物的情况下都是可能的，因为在其中变化是相关于部分的。单子没有可供事物出入的窗户。偶性不能脱离实体存在，不能游离于实体之外，像经院哲学家的"感性形式"① 那样。因而实体和偶性都不能从外部进入单子。

解释：
在此，莱布尼茨接受了近代哲学中流行的机械力学

---

① "感性形式"（sensible species）：根据亚里士多德的认识论，当感官受外物刺激时，会在感官上形成"感性形式"，这种"感性形式"是对外界事物的反映和表象。阿奎那等经院哲学家接受了亚里士多德的这种理论。——译者注

的思想，即一切作用都是相关于量的。既然单子没有任何量的规定性，那么它就不可能接受任何外界的作用和影响，"没有可供事物出入的窗户"，从而具有彻底的独立自足性。

8. Yet the Monads must have some qualities, otherwise they would not even be existing things. And if simple substances did not differ in quality, there would be absolutely no means of perceiving any change in things. For what is in the compound can come only from the simple elements it contains, and the Monads, if they had no qualities, would be indistinguishable from one another, since they do not differ in quantity. Consequently, space being a plenum, each part of space would always receive, in any motion, exactly the equivalent of what it already had, and no one state of things would be discernible from another.

　　然而，单子必须具有一些性质，否则它们就甚至不是存在物了。而且，如果单纯实体不在性质上相区别，就根本没有办法来觉察事物的变化。因为存在于复合物中的东西，只能源于它所包含的简单要素。而单子如果不在性质上有所不同的话，就不可能把它们区别开来，因为它们不能在量上相不同。因此，空间作为"充实"，在任何一个运动中，空间的每一部分只是接受它已具有的运动的等价物，事物的任何一种状态都不能与其他状态相区别了。

解释：

莱布尼茨首先确定单子必须具有一些性质，其次，单子的性质必须彼此不同，否则，经验世界的变化和多样性就不能得到说明，因为作为现象的复合物最终是由单纯物的单子所决定的。与当时流行的自然哲学不同，莱布尼茨否认虚空的存在，并认为，如果单子之间没有质的差别，那么现象世界作为充满同质物体的充实的空间，就不会有任何变化和区别了。

9. Indeed, each Monad must be different from every other. For in nature there are never two beings which are perfectly alike and in which it is not possible to find an internal difference, or at least a difference founded upon an intrinsic quality (denomination).

确实，每一单子都必须与其他单子相区别。因为在自然中绝不会有两个东西完全一样，以至于在它们身上找不到内在的差异，或至少是建立在内在性质上的差异。

解释：

这就是莱布尼茨著名的"不可辨别者的同一性原

则"（the principle of the identity of indiscernibles）。

第二部分 单子的变化（第10—18节）

10. I assume also as admitted that every created being, and consequently the created Monad, is subject to change, and further that this change is continuous in each.

我还认为以下观点是理所当然的，即每一创造物，因而每一被创造的单子都是变化着的，而且这一变化在每一事物中都是持续不断的。

11. It follows from what has just been said, that the natural changes of the Monads come from an internal principle, since an external cause can have no influence upon their inner being. (Theod. 396, 400.)

由前可知，单子的自然变化源于一个内在的原则，因为外在的原因不能对它们的内部产生影响。（参见《神正论》第396节、第400节）

解释：
在早期近代哲学中，莱布尼茨以其动态的实体观而独树一帜，在他看来，单子处于永恒运动之中，且这种运动源于自身。这对当时由于机械力学的影响而在哲学界流行的静态的实体观而言是一个有力的批判。

12. But, besides the principle of the change, there must be a particular series of changes [un detail de ce qui change], which constitutes, so to speak, the specific nature and variety of the simple substances.

　　但是，除了变化的原则之外，还必须有一个变化的特殊系列，它构成了单纯实体的特殊性和不同性。

13. This particular series of changes should involve a multiplicity in the unit [unite] or in that which is simple. For, as every natural change takes place gradually, something changes and something remains unchanged; and consequently a simple substance must be affected and related in many ways, although it has no parts.

　　这一变化的特殊系列应该在单元或单纯物中包含多样性。因为，每一自然的变化都是逐渐发生的，有些东西变化了，而另一些东西没有变；从而，单纯实体尽管没有部分，它必须具有很多性质和关系。

　　解释：
　　所谓"变化的特殊系列"是指单子运动的整个过程。对莱布尼茨而言，单子既是"一"又是"多"。单

子的"一"是指单子的没有量的规定的单纯性，单子
的"多"一般指它必须具有若干的性质。值得注意的
是，当莱布尼茨从"变化的特殊系列"来谈单子的
"多"时，意义比较独特，侧重于动态的、系统的
角度。

14. The passing condition, which involves and represents a
multiplicity in the unit [unite] or in the simple substance, is
nothing but what is called Perception, which is to be distin-
guished from Apperception or Consciousness, as will after-
wards appear. In this matter the Cartesian view is extremely
defective, for it treats as non-existent those perceptions of
which we are not consciously aware. This has also led them
to believe that minds [esprits] alone are Monads, and that
there are no souls of animals nor other Entelechies. Thus,
like the crowd, they have failed to distinguish between a pro-
longed unconsciousness and absolute death, which has made
them fall again into the Scholastic prejudice of souls entirely
separate [from bodies], and has even confirmed ill-balanced
minds in the opinion that souls are mortal.

这一在单元或单纯实体中包含并表现多样性的暂时
状态正是所谓知觉，如下所说，知觉应该与统觉或意识
区别开来。在这一点上笛卡尔派的观点极其错误，因为

他们把人们意识觉察不到的知觉视为是不存在。这也使他们认为只有心灵才是单子，而不存在动物的灵魂或其他的"隐得来希"。因而，他们像平常人一样，不能把长期的无意识与严格的死亡区分开来，这使他们再次陷入经院哲学的偏见，使灵魂完全脱离躯体，甚至赞成那些心智不健全的人所持的灵魂有死的观点。

解释：

莱布尼茨将作为精神实体的单子的一中之多的状态称为知觉。值得重视的是，当莱布尼茨把单子定义为精神时，他大大地拓展了精神的范围：知觉不能等同于有意识的知觉，还应该包括整个无意识领域；精神不能等同于人的心灵，还应该包括"动物的灵魂或其他的隐得来希"。这样一来，精神的疆界变得无比宽广，从而得以真正成为世界的本体。

在此，莱布尼茨批判了笛卡尔派的否认"人们意识觉察不到的知觉"的存在、将精神等同于人的有意识的心灵的狭隘见解，认为这会将长期的无意识和严格的死亡混为一谈。在莱布尼茨看来，躯体是无意识的知觉的某种产物，与被创造的单子不可分离，而否认无意识的知觉，必然会导致"灵魂完全脱离躯体"的错误见解。笛卡尔派的狭隘的心灵观甚至会导向怀疑灵魂的永恒性，因为只有承认无意识的知觉，才能保证精神的持续不断的存在。

15. The activity of the internal principle which produces change or passage from one perception to another may be called Appetition. It is true that desire [l'appetit] cannot always fully attain to the whole perception at which it aims, but it always obtains some of it and attains to new perceptions.

那种产生变化或从一个知觉向另一个知觉的过渡的内在原则的活动被称作欲求。诚然，欲求不能完全达到它所指向的全部知觉，但他们总会有所收获并达到新的知觉。

解释：
知觉和欲求是单子的两个紧密联系的根本规定。每个被创造的单子都以上帝的全知、全能和全善为其最终欲求目的，但这是不可能彻底达到的，因而每个单子都表现为永不停息的追求和运动。

16. We have in ourselves experience of a multiplicity in simple substance, when we find that the least thought of which we are conscious involves variety in its object. Thus all those who admit that the soul is a simple substance should admit this multiplicity in the Monad; and M. Bayle ought not to

have found any difficulty in this, as he has done in his Dictionary, article "Rorarius".

当我们在我们所意识到的最细微的念头中也能发现它包含着一些不同的对象时，我们就在自身体验到了单纯实体中的多样性。因而所有那些承认灵魂是单纯实体的人也应该承认单子中的这种多样性；贝尔先生也不应该在此发现困难，如他在他的辞典"罗拉留"辞条中所做的那样。

解释：

在此莱布尼茨以人的意识活动为例，再次论证单子的"一中之多"的特性：人的意识活动本身是"一"，意识活动总是有多样性的内容则是"多"。

皮埃尔·贝尔（Pierre Bayle，1647—1706），是法国主张怀疑论的新教神学家，在其《历史与批判词典》的"罗拉留"（1485—1556，主张动物有理性）辞条中，以人的理性的软弱无力这一怀疑主义思想批判了莱布尼茨的理性神学观点。

17. Moreover, it must be confessed that perception and that which depends upon it are inexplicable on mechanical grounds, that is to say, by means of figures and motions. And supposing there were a machine, so constructed as to

think, feel, and have perception, it might be conceived as
increased in size, while keeping the same proportions, so
that one might go into it as into a mill. That being so, we
should, on examining its interior, find only parts which work
one upon another, and never anything by which to explain a
perception. Thus it is in a simple substance, and not in a
compound or in a machine, that perception must be sought
for. Further, nothing but this (namely, perceptions and their
changes) can be found in a simple substance. It is also in
this alone that all the internal activities of simple substances
can consist. (Theod. Pref. [E. 474; G. vi. 37].)

　　此外，必须承认，知觉以及依赖于知觉的东西，不
能用机械的原因来解释，也就是说，不能用形状和运动
来解释。假设有一架机器，被制作得能够思想、感受和
拥有知觉，想象它在保持同一比例的情况下在尺寸上被
放大，以至于人们可以像走进磨坊一样进入它。在这种
情况下，在考察它的内部的时候，我们只能看到一些部
分作用于另一部分，而绝找不到任何能够解释知觉的东
西。因此，只能在单纯实体中而非在复合物或机器中寻
找知觉。况且，在单纯实体中能被找到的只有这个（即
知觉及其变化）。单纯实体的全部内在运动也仅在于此。
（参见《神正论》序言，[E. 474; G. vi. 37]）

解释：

莱布尼茨此处的例子是指能够知觉的机器是不可能存在的，因为作为实体的特性的知觉是一种质的规定，不能用机械论的量的观点来解释。

18. All simple substances or created Monads might be called Entelechies, for they have in them a certain perfection (echousi to enteles); they have a certain self-sufficiency (autarkeia) which makes them the sources of their internal activities and, so to speak, incorporeal automata. (Theod. 87.)

所有的单纯实体或被创造的单子都可被称为"隐得来希"，因为它们自身之内都具有某种完满性；他们具有某种自足性，使得他们成为自身内在活动的源泉，也就是说，无形体的自动机。（参见《神正论》第87节）

解释：

"隐得来希"在希腊文中原义指"完满"、"完整"，亚里士多德用"隐得来希"一词表示从潜能到现实的运动，莱布尼茨的"隐得来希"强调单子的圆满性和自足性，更接近该词的本义。

单子或"隐得来希"的圆满性和自足性是有限的，要不然就和上帝没有区别了。单子为上帝所创造并被赋予了运动的原则，因而每个单子都是自我运动的、自足的，不需要任何外界的影响。

第三部分 单子的等级（第19—30节）

19. If we are to give the name of Soul to everything which has perceptions and desires〔appetits〕in the general sense which I have explained, then all simple substances or created Monads might be called souls; but as feeling〔le sentiment〕is something more than a bare perception, I think it right that the general name of Monads or Entelechies should suffice for simple substances which have perception only, and that the name of Souls should be given only to those in which perception is more distinct, and is accompanied by memory.

如果我们把灵魂一词赋予具有我所解释的一般意义的知觉和欲求的所有事物，那么所有的单纯实体或被创造的单子都可被称作灵魂；但因为感受包含了比赤裸的知觉更多的东西，所以我同意单子或"隐得来希"这种一般的名称对于仅仅具有知觉的单子而言是足够的，灵魂这一名称应该被给予那些具有更清晰的知觉、有记忆相伴随的单子。

解释：

莱布尼茨按知觉的清晰程度把单子分成三个等级：

最低级的是赤裸的单子，只具有最含混的无意识的知觉；其次是灵魂（soul），具有有意识的知觉即感受，有记忆相伴随；再次是心灵（mind）或精神（spirit），其知觉具有自我意识和理性。

20. For we experience in ourselves a condition in which we remember nothing and have no distinguishable perception; as when we fall into a swoon or when we are overcome with a profound dreamless sleep. In this state the soul does not perceptibly differ from a bare Monad; but as this state is not lasting, and the soul comes out of it, the soul is something more than a bare Monad. (Theod. 64.)

我们在自己身上体验到一种情形，即我们对之没有任何记忆且没有任何可辨识的知觉；如我们陷入昏迷或深沉的无梦的睡眠的时候。在这种状态下灵魂与赤裸的单子之间没有可觉察的区别；但由于这一状态是不持久的，灵魂会从中摆脱出来，灵魂是某种比赤裸的单子更丰富的东西。（参见《神正论》第64节）

21. And it does not follow that in this state the simple substance is without any perception. That, indeed, cannot be, for the reasons already given; for it cannot perish, and it cannot continue to exist without being affected in some way,

and this affection is nothing but its perception. But when there is a great multitude of little perceptions, in which there is nothing distinct, one is stunned; as when one turns continuously round in the same way several times in succession, whence comes a giddiness which may make us swoon, and which keeps us from distinguishing anything. Death can for a time put animals into this condition.

这并不意味着，在这一状态中单纯实体没有任何知觉。根据前面给出的理由这是不可能的；因为它不能在没有某种性质也就是知觉的情况下停止存在或继续存在。可是当一个人具有无数微小的知觉，其中却无一清晰，这时他就昏迷了；就像朝某个方向连续转圈若干次，会使我们头晕目眩而昏厥，不能分辨任何东西。死亡能够在某段时间内把动物置于这种状态。

22. And as every present state of a simple substance is naturally a consequence of its preceding state, in such a way that its present is big with its future. (Theod. 350.)

既然单纯实体的现在状态是其前一状态的自然结果，同样的，它的现在就蕴涵了将来。（参见《神正论》第350节）

23. And as, on waking from stupor, we are conscious of our perceptions, we must have had perceptions immediately before we awoke, although we were not at all conscious of them; for one perception can in a natural way come only from another perception, as a motion can in a natural way come only from a motion. (Theod. 401—403.)

由于我们一从昏迷中觉醒过来就意识到知觉，我们在觉醒之前一定也具有知觉，尽管我们完全不能意识到它们；因为知觉只能以自然的方式源于另一（在先的）知觉，就像一个运动以自然的方式源于另一（在先的）运动①。（参见《神正论》第 401—403 节）

24. It thus appears that if we had in our perceptions nothing marked and, so to speak, striking and highly-flavoured, we should always be in a state of stupor. And this is the state in which the bare Monads are.

由此可知，如果我们知觉中没有那些清晰的，也就是说，显著的和极有特色的东西，我们就会永远处于昏迷之中。而这正是赤裸的单子所处的状态。

---

① 此句 George MacDonald Ross 的 1999 年译本为 "since, in the natural course of events, a perception can only arise from a previous perception——just as, in the natural course of events, a motion can only arise from a previous motion"。

解释：

在第 20—24 节中，莱布尼茨认为人的无意识状态与赤裸的单子是非常类似的，即都没有任何清晰的知觉，从而说明赤裸的单子确实是存在的或至少其存在是可以设想的。莱布尼茨认为，无意识的知觉必然是存在的，否则单子就失去其恒存性而不成其为实体，人在昏迷或无梦的睡眠这些无意识状态中就陷入死亡而无法苏醒了。

25. We see also that nature has given heightened perceptions to animals, from the care she has taken to provide them with organs, which collect numerous rays of light, or numerous undulations of the air, in order, by uniting them, to make them have greater effect. Something similar to this takes place in smell, in taste and in touch, and perhaps in a number of other senses, which are unknown to us. And I will explain presently how that which takes place in the soul represents what happens in the bodily organs.

我们也看到，大自然通过赋予动物以感觉器官而给予了它们强化的知觉，这些感觉器官把无数的光线和空气的波动收集起来，通过把它们结合起来而使其具有更显著的效果。同样的事情也发生于嗅觉、味觉和触觉，以及大概不为人所知的一些其他的感官。我不久将解释，为何在灵魂中所发生的事能够反映感官中所发生的事。

解释：

动物的单子（灵魂）因具有感觉器官而拥有了较清晰的、有意识的、有记忆的知觉。至于物质性的感官何以能够与无形体的灵魂相沟通这一问题，莱布尼茨用他的"前定和谐"理论加以解释。

26. Memory provides the soul with a kind of consecutiveness, which resembles [imite] reason, but which is to be distinguished from it. Thus we see that when animals have a perception of something which strikes them and of which they have formerly had a similar perception, they are led, by means of representation in their memory, to expect what was combined with the thing in this previous perception, and they come to have feelings similar to those they had on the former occasion. For instance, when a stick is shown to dogs, they remember the pain it has caused them, and howl and run away. (Theod. Preliminary Discourse, sec. 65.)

记忆为灵魂提供一种连贯性，这种连贯性虽类似于理性，却有必要与理性区别开来。我们注意到，如果动物以前曾被某物殴打，当它们又见到此物时，记忆中的表象会驱使它们去期待在以往的知觉中与该物相连的东西，它们会产生与以前的情形中类似的感受。例如，当人向狗举起棍子的时候，狗会记起棍子曾造成的痛苦，就号叫着跑开了（参见《神正论》初步论述，第65节）。

27. And the strength of the mental image which impresses and moves them comes either from the magnitude or the number of the preceding perceptions. For often a strong impression produces all at once the same effect as a long-formed habit, or as many and oft-repeated ordinary perceptions.

那些刺激并驱动它们的心理印象的力量源于以往知觉的强度或数量。因为一个强烈的印象常立即产生与长期形成的习惯或许多经常重复的普通知觉相同的效果。

解释：

记忆使得动物能够将特定的知觉联系在一起形成习惯性的联想，从而使动物的行为具有某种一贯性。

28. In so far as the concatenation of their perceptions is due to the principle of memory alone, men act like the lower animals, resembling the empirical physicians, whose methods are those of mere practice without theory. Indeed, in three-fourths of our actions we are nothing but empirics. For in-

stance, when we expect that there will be daylight to-mor-
row, we do so empirically, because it has always so hap-
pened until now. It is only the astronomer who thinks it on
rational grounds.

就其知觉的连贯性仅在于记忆的原则而言，人的行
为类似于动物，就像经验主义的医生，只有实践而缺乏
理论。实际上，我们在自身的四分之三的行为上都是经
验主义者。例如，当我们预期明天会有白昼的时候，我
们只是凭经验，因为直到目前事情一直是这样的。只有
天文学家才能以理性的根据对此进行思考。

解释：

作为理性主义者，莱布尼茨认为只有普遍性的理性
知识才使人与动物区别开来，人的经验与动物的联想并
没有本质不同。

29. But it is the knowledge of necessary and eternal truths
that distinguishes us from the mere animals and gives us rea-
son and the sciences, raising us to the knowledge of our-
selves and of God. And it is this in us that is called the ra-
tional soul or mind [esprit].

但只有必然的、永恒的真理才将我们与单纯的动物
区分开来，给予我们理性和科学，将我们提升到具有关

于我们自身和上帝的知识。这就是我们之内所谓的理性
灵魂或心灵。

30. It is also through the knowledge of necessary truths, and
through their abstract expression, that we rise to acts of re-
flexion, which make us think of what is called I, and observe
that this or that is within us; and thus, thinking of our-
selves, we think of being, of substance, of the simple and
the compound, of the immaterial, and of God Himself, con-
ceiving that what is limited in us is in Him without limits.
And these acts of reflexion furnish the chief objects of our
reasonings. (Theod. Pref. [E. 469; G. vi. 27].)

也正是凭借必然真理的知识以及它们的抽象表达，
我们才提升到具有反思活动，这使我们能够思维所谓
"自我"，并观察到这或那处于"我们"之中；就这样，
通过思维自我，我们也就思维到存在、实体，思维到单
纯物和复合物，以及非实在之物和上帝自身，并设想在
我们身上有限的却会在上帝之中没有限制。这些反思的
活动为我们（当前的形而上学）① 的推理提供了主要对
象。（参见《神正论》前言，[E. 469; G. vi. 27]）

---

① 根据 Nicholas Rescher 1991 年英译本加入，参见 Nicholas Rescher,
G. W. Leibniz's Monadology: An Edition for Students, p. 111, University of
Pittsburgh Press 1991。

解释：

人作为理性灵魂或心灵，凭借着对必然真理的理性知识的认识，而拥有了反思活动，具有了自我意识，并进而获得了有关存在、实体、复合物、上帝等的哲学真理。值得注意的是，在莱布尼茨那里，自我意识与理性的反思能力紧密相连、密不可分，而对自我意识的反思则是形而上学的源泉。作为德国哲学之父，莱布尼茨的这种注重主体性的哲学倾向对德国古典哲学的发展有着非常深远的影响。

第四部分　理性的两大原则 和两种真理（第31—37节）

31. Our reasonings are grounded upon two great principles, that of contradiction, in virtue of which we judge false that which involves a contradiction, and true that which is opposed or contradictory to the false. (Theod. 44, 169.)

我们的推理建立在两大原则之上，其一为矛盾律，借助于这一原则，我们将包含矛盾者判断为假，并将与假的相对立或相矛盾的判断为真。（参见《神正论》第44节、第169节）

32. And that of sufficient reason, in virtue of which we hold that there can be no fact real or existing, no statement true, unless there be a sufficient reason, why it should be so and not otherwise, although these reasons usually cannot be known by us. (Theod. 44, 196.)

其二为充足理由律，借助于这一原则，我们认为，除非有为什么是这样而不是那样的充足理由，否则就没有事实是真实的或存在的，没有陈述是正确的，尽管这些理由常常不为我们所知。（参见《神正论》第 44 节、第 196 节）

33. There are also two kinds of truths, those of reasoning and those of fact. Truths of reasoning are necessary and their opposite is impossible; truths of fact are contingent and their opposite is possible. When a truth is necessary, its reason can be found by analysis, resolving it into more simple ideas and truths, until we come to those which are primary. (Theod. 170, 174, 189, 280—282, 367. Abrege, Object. 3.)

也存在着两种真理，即推理的真理和事实的真理。推理的真理是必然的，其反面是不可能的；事实的真理是偶然的，其反面是可能的。当某个真理是必然的，其理由就可以通过分析而发现，可以将它分解为更简单的观念和真理，直到发现那些最基本的东西。（参见《神正论》第 170 节、第 174 节、第 189 节、第 280—282 节、第 367 节。节略，异议 3）

解释：

莱布尼茨的理性的两大原则矛盾律和充足理由律分别对应于两种不同的真理，即推理的真理和事实的真理，或者必然的真理和偶然的真理。在他看来，推理的真理或必然真理是指必然为真的同一性的陈述，即通过人的理性分析，可发现该陈述的谓词包含语主词之中。由此可知，与之相应的矛盾律的本质就在于 a＝a，因而莱布尼茨有时又将矛盾律称为同一律（principle of identity）。他认为，逻辑学和数学就是建立在矛盾律或同一律的基础上的，是相关于逻辑世界或可能世界的。

而事实的真理或偶然的真理则是相关于现实世界的陈述，并不必然为真，其反面总是可能的。例如，昨天虽然没有下雨，但昨天也完全有可能下雨，这在逻辑上并不包含矛盾。也就是说，关于现实世界的陈述，至少就人的理性而言，不能视作谓词包含于主词之中的同一性陈述。那么事实真理或偶然真理的真理性就不是源于矛盾律，而必须另有来源，即充足理由律。

34. It is thus that in Mathematics speculative Theorems and practical Canons are reduced by analysis to Definitions, Axi-

oms and Postulates.

因而，在数学上思辨的原理和实践的法则可通过分析而归结为定义、公理和公设。

35. In short, there are simple ideas, of which no definition can be given; there are also axioms and postulates, in a word, primary principles, which cannot be proved, and indeed have no need of proof; and these are identical propositions, whose opposite involves an express contradiction. (Theod. 36, 37, 44, 45, 49, 52, 121—122, 337, 340—344.)

最后，有一些不能给出定义的简单观念；还有一些公理和公设，即基本的原理，是不能证明的，也没必要去证明；这些是同一性的陈述，其反面包含着明显的矛盾。（参见《神正论》第 36 节、第 37 节、第 44 节、第 45 节、第 49 节、第 52 节、第 121—122 节、第 337 节、第 340—344 节）

36. But there must also be a sufficient reason for contingent truths or truths of fact, that is to say, for the sequence or connexion of the things which are dispersed throughout the universe of created beings, in which the analyzing into parti-

cular reasons might go on into endless detail, because of the immense variety of things in nature and the infinite division of bodies. There is an infinity of present and past forms and motions which go to make up the efficient cause of my present writing; and there is an infinity of minute tendencies and dispositions of my soul, which go to make its final cause.

但充足理由也必须存在于偶然真理或事实真理，也就是说，存在于散布在创造物的世界中的事物的序列或联系，在此，对特殊理由的分析可以进展到无穷的细节，因为自然界中的事物无比繁复以及物体可以无限分割。无数的现在和过去的状态和运动构成了我当前写作的动力因；而我灵魂中的无数的细微倾向和性情构成了它的目的因。

37. And as all this detail again involves other prior or more detailed contingent things, each of which still needs a similar analysis to yield its reason, we are no further forward; and the sufficient or final reason must be outside of the sequence or series of particular contingent things, however infinite this series may be.

由于所有这些细节又包含其他的在先的或更细微的偶然事物，而这些仍然需要同样的分析来获得其理由，这样我们就不能再进一步了；充足的或最终的理由必须存在于特殊的偶然事物的序列之外，无论这一序列是如何无限。

解释：

作为事实真理的原则的充足理由律的内容很简单，即没有任何事物的存在或发生是没有理由的，也就是说，对任何事情我们都可以追问"问什么"。这一貌似空洞的原则至少有两个重大的含义：其一，它意味着世界有着自在的秩序，而且这种秩序在原则上能够被理性所认识，这鲜明地表现出莱布尼茨哲学的理性主义色彩；其二，它被莱布尼茨用来引出对上帝存在的宇宙论证明，即由于事物之间的普遍联系，对任一事物的充足理由的追溯都会延伸到整个世界，而世界作为整体的充足理由只能在世界之外，即超越的上帝。（参见莱布尼茨《关于理性与神恩的基于理性的原则》第8节）

第五部分　上帝（第38—48节）

38. Thus the final reason of things must be in a necessary substance, in which the variety of particular changes exists only eminently, as in its source; and this substance we call God. (Theod. 7.)

因而事物的最终理由必须存在于一个必然实体之中，在这一实体中，特殊变化的细节仅仅卓越地存在着，就像在其源头一样；我们将这一实体称为上帝。（参见《神正论》第 7 节）

解释：

"卓越地"（eminently）与"形式地"（formally）相对应，为经院哲学术语，但在莱布尼茨时代仍很流行。甲"形式地"存在于乙中，是指甲物理地作为乙的一个部分而存在，如马腿之于马；而甲"卓越地"存在于乙中，不是就物理意义而是就解释或逻辑意义而言，即乙是逻辑在先的，对甲的解释要依赖于乙。（参见 Nicholas Rescher, *G. W. Leibniz's Monadology*: *An Edition for Students*, p. 139）

所谓"特殊变化的细节仅仅卓越地存在"于上帝之中，也就是说上帝是万事万物的充足理由。

39. Now as this substance is a sufficient reason of all this variety of particulars, which are also connected together throughout; there is only one God, and this God is sufficient.

这一实体是所有特殊事物的充足理由，而这些特殊事物是普遍相关联的；只有一个上帝，而且这一上帝就足够了。

解释:

由于上帝为世界提供了充足理由，而且上帝是其自身的充足理由，因而充足理由律的追问之链在上帝这里终结了，即只有一个上帝就足够了。而如果存在多个上帝的话，又会引出一系列的"为什么"，如每个上帝的特性是什么，上帝之间的关系如何等。在莱布尼茨看来，只有承认上帝的唯一性才能保证上帝是最终的充足理由。

40. We may also hold that this supreme substance, which is unique, universal and necessary, nothing outside of it being independent of it, —this substance, which is a pure sequence of possible being, must be illimitable and must contain as much reality as is possible.

我们还可得出，这一最高实体是唯一的、普遍的和必然的，没有任何事物能在它之外而独立于它，这一实体，作为可能存在的直接结果①，一定是没有限制的，

① 此处 Robert Latta 的翻译 this substance, which is a pure sequence of possible being 很含混费解，Nicholas Rescher 的翻译为 being a direct consequence of merely being possible, George MacDonald Ross 的翻译为 it is the simple consequence of possible being，含义很清楚一贯，意指莱布尼茨通过本体论证明，从上帝的本质得出上帝的存在。

且包含尽可能多的实在。

解释：

"没有任何事物能在它（上帝）之外而独立于它"，这句话貌似斯宾诺莎的泛神论口吻，但莱布尼茨的意思并不是指万物存在于上帝自身之中，而是指万物处于超越的上帝的作用和统辖之中。可以用第38节中的经院哲学术语来解释，即万物卓越地而非形式地存在于上帝之中。

接下来，莱布尼茨按照安瑟尔谟的本体论证明的思路，从上帝的本质或观念（可能存在）推出上帝必然存在。

41. Whence it follows that God is absolutely perfect; for per-fection is nothing but amount of positive reality, in the strict sense, leaving out of account the limits or bounds in things which are limited. And where there are no bounds, that is to say in God, perfection is absolutely infinite. (Theod. Pref. 22, [E. 469 a; G. vi. 27].)

由此可知，上帝是绝对完满的；因为严格意义上的完满性正是指积极实在性之全部，而将有限之物的局限和限度排除在外。在没有局限之处，即在上帝中，完满性是绝对无限的。（参见《神正论》序言、第22节［E.

469 a；G. vi. 27].）

解释：

在莱布尼茨那里，上帝的绝对完满性和无限性的一个重要表现是，上帝的知觉是彻底清晰的，因而上帝得以作为纯粹的精神而存在。而其他的单子的知觉则有不同程度的混乱，必须与一个形体相伴随，因为形体正是混乱的知觉的某种产物，是单子的有限性和被动性的重要表现。

42. It follows also that created beings derive their perfections from the influence of God, but that their imperfections come from their own nature, which is incapable of being without limits. For it is in this that they differ from God. An instance of this original imperfection of created beings may be seen in the natural inertia of bodies. （Theod. 20，27—30，153，167，377—378，380；Abridgmet，obj. 5.）

还可得出，创造物的完满性源于上帝的影响，而其不完满性则源于自身的不能没有局限的本性。正是在此它们与上帝区别开来。创造物的原初的不完满性的例证可在其躯体的自然的惰性中发现。（参见《神正论》第20节、第27—30节、第153节、第167节、第377—378节、第380节；节略，异议5）

解释：

上帝的创世并未创造事物的本质，事物的本质永恒地存在于可能世界之中。上帝的创世是指上帝挑选出一些事物的本质使其现实化，以构成一个所有可能世界中的最佳世界。因而创造物的局限性源于自身的本质或概念。

43. It is farther true that in God there is not only the source of existences but also that of essences, in so far as they are real, that is to say, the source of what is real in the possible. For the understanding of God is the region of eternal truths or of the ideas on which they depend, and without Him there would be nothing real in the possibilities of things, and not only would there be nothing in existence, but nothing would even be possible. (Theod. 20.)

同样真实的是，上帝不仅是存在的源泉，也是本质的源泉，就本质是真实的而言，也就是说，是可能性中真实的东西的源泉。因为上帝的理智是永恒的真理或观念的依附之处，没有上帝就没有任何在可能性中真实之物，不仅没有任何东西存在，甚至没有任何东西是可能的。(参见《神正论》第 20 节)

解释：

本质或观念只要符合矛盾律，即不包含自相矛盾的东西，就是真实的，也就是说具有某种实在性，这些真实的本质或观念只能存在于上帝的理智之中。这构成了莱布尼茨的另一个对上帝存在的证明。

44. For if there is a reality in essences or possibilities, or rather in eternal truths, this reality must needs be founded in something existing and actual, and consequently in the existence of the necessary Being, in whom essence involves existence, or in whom to be possible is to be actual. (Theod. 184—189, 335.)

如果在本质或可能性中，或者在必然真理中存在着某种实在，那么这一实在就必须奠基于某种存在和现实之物，也就是必然实体的存在上，这种必然实体的本质包含了存在，或者在其中可能的都是现实的。（参见《神正论》第184—189节、第335节）

45. Thus God alone (or the necessary Being) has this prerogative that He must necessarily exist, if He is possible. And as nothing can interfere with the possibility of that which involves no limits, no negation and consequently no contradiction, this [His possibility] is sufficient of itself to make known the existence of God a priori. We have thus proved it, through the reality of eternal truths. But a little while ago we

proved it also a posteriori, since there exist contingent be-ings, which can have their final or sufficient reason only in the necessary Being, which has the reason of its existence in itself.

因而只有上帝（或必然存在）才具有这一特权，即只要他是可能的就必然存在。既然什么都不可能妨碍那不包含限制、否定，从而不包含矛盾的东西的可能性，这种可能性自身就足以先天地证明上帝的存在。我们曾通过永恒真理的实在性来证明上帝的存在（第43节）。而不久前我们也后天地对此进行了证明（第38节），因为存在着偶然的事物，它们的最后的或充足的理由只能在必然存在之中，而必然存在则在自身中有其存在的理由。

解释：

莱布尼茨在此提到了对上帝存在的三种证明，前两种是先天的，即本体论证明和基于永恒真理的实在性的证明，第三种是后天的，即基于充足理由律的证明。

46. We must not, however, imagine, as some do, that eter-nal truths, being dependent on God, are arbitrary and de-pend on His will, as Descartes, and afterwards M. Poiret, appear to have held. That is true only of contingent truths, of

which the principle is fitness [convenance] or choice of the best, whereas necessary truths depend solely on His understanding and are its inner object. (Theod. 180—184, 185, 335, 351, 380.)

我们不能像有些人，如笛卡尔和后来的波瓦雷①那样，认为永恒的真理既然依赖于上帝，就是偶然的，依赖于上帝的意志。这一观点只是对于偶然真理而言是真实的，偶然真理的原则是合适性或对最佳者的选择，而必然真理则仅仅依赖于上帝的理智，是上帝理智的内在目标。（参见《神正论》第 180—184 节、第 185 节、第 335 节、第 351 节、第 380 节）

解释：

在永恒真理（数学和逻辑真理）的性质上莱布尼茨与笛卡尔派有着激烈的争论。在笛卡尔派的意志主义（voluntarism）观点看来，永恒真理完全依赖于上帝的意志，只要上帝愿意，2 加 2 完全可以等于 5。而莱布尼茨则认为，永恒真理仅仅是存在于上帝的理智之中，上帝对于永恒真理只能发现和认同，而不能创造和更改。莱布尼茨与笛卡尔派的这个争论，实际上是中世纪神学中

---

① 波瓦雷（Pierre Poiret），1646—1719，法国加尔文教牧师，定居于德国。他开始是笛卡尔主义者，后来受雅各·波墨影响成为宗教神秘主义者。——译者注

阿奎那与邓·司哥特（Duns Scotus）的争论的继续。在这一点上，莱布尼茨与阿奎那的观点是一致的。

莱布尼茨认为，偶然的事实真理才依赖于上帝的意志，事实真理所相关的现实世界是上帝的意志根据最佳者原则从所有可能世界中挑选出来的最完满者，并使其现实化。没有上帝的意志，偶然真理就得不到说明。

47. Thus God alone is the primary unity or original simple substance, of which all created or derivative Monads are products and have their birth, so to speak, through continual fulgurations of the Divinity from moment to moment, limited by the receptivity of the created being, of whose essence it is to have limits. (Theod. 382—391, 398, 395.)

因而只有上帝才是最高的统一或原初的单纯实体，所有的被创造的或派生的单子都是其产物，也就是说，通过上帝的一刹那一刹那的连续闪耀而产生，为创造物的接受性所限制，按其本质而言创造物是有限的。（参见《神正论》，第382—391节、第398节、第395节）

解释：

新柏拉图主义者喜欢用太阳散发出光芒来比喻神与万物之间的关系，受此影响，莱布尼茨用闪电的连续闪耀来比喻上帝与万物的关系。但莱布尼茨的"连续闪耀"很容易被误解成笛卡尔的"连续创造"（continual creation）理论：即上帝在每一刹那都在重新创造万事万物。莱布尼茨此处的表述不够严谨，实际上他的意思是指，上帝在创造万物之后，仍然不断地支撑或维系着万物的存在，就像闪电不但产生了光亮，还通过其连续闪耀而维持光亮的存在。因为按照莱布尼茨的理论，上帝在创世之后就任凭事物按照他在创世之初所赋予的原则独立活动，而不再另行干预了。笛卡尔的那种上帝不断创造世界、不断干预世界的理论在莱布尼茨看来无异于把上帝视为一个糟糕的钟表匠，要通过不断地调自己制造出来的钟表才能使时间走准。

　　为什么事物在被创造之后还需要上帝来维持其存在呢？我想莱布尼茨会这么回答：观念或本质是不包含存在的，存在完全是上帝的意志的赐予，如果上帝不以某种方式维持事物的存在，那么他们就会丧失其现实存在而返回到可能世界之中。

48. In God there is Power, which is the source of all, also Knowledge, whose content is the variety of the ideas, and finally Will, which makes changes or products according to the principle of the best. (Theod. 7, 149, 150.) These characteristics correspond to what in the created Monads forms the ground or basis, to the faculty of Perception and to the faculty

of Appetition. But in God these attributes are absolutely infinite or perfect; and in the created Monads or the Entelechies (or perfectihabiae, as Hermolaus Barbarus translated the word) there are only imitations of these attributes, according to the degree of perfection of the Monad. (Theod. 87.)

在上帝中有力量，它是万物的源泉，还有知识，其内容是观念的细节，最后还有意志，它根据最佳者原则来改变或产生事物（参见《神正论》，第 7 节、第 149 节、第 150 节）。这些特性相应于被创造的单子中的构成其主体或基础①的东西、知觉能力和欲求能力。但在上帝中这些属性是绝对无限或完满的；而在被创造的单子或"隐得来希"（或"具有完满性者"，如赫莫劳斯·巴勃鲁斯②所译）中所存在的，只是根据单子的完满性程度，对这些属性的模仿。（参见《神正论》第 87 节）

第六部分　单子间的关系（第 49—60 节）

49. A created thing is said to act outwardly in so far as it has

---

① Nicholas Rescher 和 George MacDonald Ross 的翻译均为"subject and basis"，文义更恰当。

② 赫莫劳斯·巴勃鲁斯（Hermolaus Barbarus, 1454—1493），威尼斯人文主义者、外交家，致力于亚里士多德著作的研究和翻译。他试图摆脱经院哲学对亚里士多德的扭曲性的解释，而寻求其本义所在。

perfection, and to suffer [or be passive, patir] in relation to another, in so far as it is imperfect. Thus activity [action] is attributed to a Monad, in so far as it has distinct perceptions, and passivity [passion] in so far as its perceptions are confused. (Theod. 32, 66, 386.)

就创造物具有完善性而言，它被认为是向外作用，就其是不完善的而言，它与他物的关系是承受性的或消极的。因而，就单子具有清晰的知觉而言，它具有积极性（活动），就其知觉是混乱的而言，它具有消极性（情感）。（参见《神正论》第 32 节、第 66 节、第 386 节）

50. And one created thing is more perfect than another, in this, that there is found in the more perfect that which serves to explain a priori what takes place in the less perfect, and it is on this account that the former is said to act upon the latter.

一个创造物之所以比另一个更完满在于，在更完满之物中能找到可先验地解释发生在较不完满之物中的事情的理由，也正因此，前者被认为是作用于后者。

51. But in simple substances the influence of one Monad upon another is only ideal, and it can have its effect only

through the mediation of God, in so far as in the ideas of God any Monad rightly claims that God, in regulating the others from the beginning of things, should have regard to it. For since one created Monad cannot have any physical influence upon the inner being of another, it is only by this means that the one can be dependent upon the other. (Theod. 9, 54, 65, 66, 201; Abrege, Object. 3.)

但在单纯实体中，一个单子对另一单子的影响仅是观念性的，只有通过上帝的中介才能发生效果，因为在上帝的观念中，每一单子都有权要求，上帝在万物之初规定其他单子的时候应该关注到它。既然一个被创造的单子不能对另一单子的内部存在具有任何物理的影响，那么只有凭借这一方式一个单子才能依赖于另一单子。（参见《神正论》第9节、第54节、第65节、第66节、第201节；节略，异议3）

解释：

单子既然没有可供外物出入的窗户，单子间的相互作用就不可能是现实的，而只能是观念性的：即每个单子都独立的运动、变化，而彼此之间却能够保持一种协调性和一致性，显得好像在相互作用似的。单子之间之所以能够彼此协调，是由于上帝在创世之初的预先安排。在莱布尼茨看来，只有使一个单子与其他的所有单子保持和谐一致，才能使现实世界具有最高的完满性和实在性。这就是他的"前定和谐"理论。

52. Accordingly, among created things, activities and passivities are mutual. For God, comparing two simple substances, finds in each reasons which oblige Him to adapt the other to it, and consequently what is active in certain respects is passive from another point of view; active in so far as what we distinctly know in it serves to explain [rendre raison de] what takes place in another, and passive in so far as the explanation [raison] of what takes place in it is to be found in that which is distinctly known in another. (Theod. 66.)

因而，在创造物中能动与被动是相互的。当上帝比较两个单纯实体时，在每一个中都发现迫使他使另一个适应于它的理由，因而从一个角度看是主动的东西，从另一角度看则是被动的；它是主动的，是就我们在其中清晰地知道能够解释在另一实体中所发生的事而言，说它是被动的，是就在其中所发生的事的解释须在我们于另一实体中所清晰地知道的东西中寻求而言。（参见《神正论》第66节）

53. Now, as in the Ideas of God there is an infinite number of possible universes, and as only one of them can be actual,

there must be a sufficient reason for the choice of God, which leads Him to decide upon one rather than another. (Theod. 8, 10, 44, 173, 196—199, 225, 414—416.)

既然在上帝的观念中具有无限多的可能世界，而只有其中之一才能成为现实的，那么上帝的选择就必须有一个充足理由，以使他选择这一个而不是另一个。（参见《神正论》第 8 节、第 10 节、第 44 节、第 173 节、第 196—199 节、第 225 节、第 414—416 节）

54. And this reason can be found only in the fitness [convenance], or in the degrees of perfection, that these worlds possess, since each possible thing has the right to aspire to existence in proportion to the amount of perfection it contains in germ. (Theod. 74, 130, 167, 201, 345—347, 350, 352, 354.)

这一理由只能在这些世界所拥有的合适性或完满性的程度中寻找，因为每一可能事物都有权要求与它所拥有的完满性的多少相适应的存在。（参见《神正论》第 74 节、第 130 节、第 167 节、第 201 节、第 345—347 节、第 350 节、第 352 节、第 354 节）

55. Thus the actual existence of the best that wisdom makes

known to God is due to this, that His goodness makes Him choose it, and His power makes Him produce it. (Theod. 8, 78, 80, 84, 119, 204, 206, 208; Abrege, Object. 1 and 8.)

也正因此，智慧使上帝认识到最佳者的实际存在，上帝的善使他选择它，上帝的力量则使他产生它。（参见《神正论》第 8 节、第 78 节、第 80 节、第 84 节、第 119 节、第 204 节、第 206 节、第 208 节；节略，异议 1、异议 8）

56. Now this connexion or adaptation of all created things to each and of each to all, means that each simple substance has relations which express all the others, and, consequently, that it is a perpetual living mirror of the universe. (Theod. 130, 360.)

这种所有创造物与每一创造物的联系或适应，以及每一创造物对所有创造物的联系和适应，意味着每一单纯实体都具有表现所有其他单子的关系，因而，它是宇宙的一面永恒的活的镜子。（参见《神正论》第 130 节、第 360 节）

解释：

单子"是宇宙的一面永恒的活的镜子"并不是说单子实际上表象着宇宙，而是说一个单子与其他单子的和谐性，使其自身内部包含有所有与其他单子的关系，就好像在表象整个宇宙似的。也就是说，由于单子没有窗户，它只能表现自身。但由于单子包含了整个宇宙的关系，它自身就是个无比深邃的小宇宙，所以单子之表现自身也就像是在表象着宇宙。

57. And as the same town, looked at from various sides, appears quite different and becomes as it were numerous in aspects [perspectivement]; even so, as a result of the infinite number of simple substances, it is as if there were so many different universes, which, nevertheless are nothing but aspects [perspectives] of a single universe, according to the special point of view of each Monad. (Theod. 147.)

正如同一城市从不同角度去看，会显得非常不同，好像因视角的不同而变成了许多城市；同理，由于有着无数多的单纯实体，就好像有无数不同的宇宙，而这不过是从每一单子的独特视角来观看同一宇宙所产生的不同景观。(参见《神正论》第 147 节)

58. And by this means there is obtained as great variety as possible, along with the greatest possible order; that is to say, it is the way to get as much perfection as possible. (Theod. 120, 124, 241, 214—243, 275.)

这就是获得最大可能的多样性同时又具有最大可能的秩序的方法；也就是说，它是获得最大可能的完满性的方法。（参见《神正论》第 120 节、第 124 节、第 241 节、第 214—243 节、第 275 节）

解释：

"多样性"与"秩序"是"完满性"的不可或缺的两个方面。仅有"多样性"世界会一片混乱，仅有"秩序"世界会非常单调。在莱布尼茨看来，现实世界只有同时具有最大可能的"多样性"与"秩序"，才是最完满的，才能显示出作为建筑师的上帝的无比伟大。

59. Besides, no hypothesis but this (which I venture to call proved) fittingly exalts the greatness of God; and this Monsieur Bayle recognized when, in his Dictionary (article Rorarius), he raised objections to it, in which indeed he was inclined to think that I was attributing too much to God—more than it is possible to attribute. But he was unable to give any reason which could show the impossibility of this universal harmony, according to which every substance exactly expresses all others through the relations it has with them.

此外，唯有这一假设（我冒昧地认为它已获得证明）才能恰当地赞美上帝的伟大；贝尔先生在他的辞典

（"罗拉留"辞条）中提出反对意见时意识到了这一点，实际上他倾向于认为，我归于上帝的太多了——超过了可能被归于的。但他找不出任何理由来反对这种普遍的和谐，据此每一单子都通过它所具有的与所有其他单子的关系来确切地反映它们。

60. Further, in what I have just said there may be seen the reasons a priori why things could not be otherwise than they are. For God in regulating the whole has had regard to each part, and in particular to each Monad, whose nature being to represent, nothing can confine it to the representing of only one part of things; though it is true that this representation is merely confused as regards the variety of particular things [le detail] in the whole universe, and can be distinct only as regards a small part of things, namely, those which are either nearest or greatest in relation to each of the Monads; otherwise each Monad would be a deity. It is not as regards their object, but as regards the different ways in which they have knowledge of their object, that the Monads are limited. In a confused way they all strive after the infinite, the whole; but they are limited and diffcrentiated through the degrees of their distinct perceptions.

　　进而，在我刚才所说的话中，可找到为什么事物不可能是其他情形的先天理由。因为在上帝规定整体的时候必须考虑到部分，尤其是要考虑到每一单子。单子的本质既然在于表象，那就没什么能限制它只表象一部分事物；尽管这种表象在相关于整个宇宙的繁多的特殊事物时确实是混乱的，而只在相关于很小的一部分事物时是清晰的，即那些与它最接近或关系最大的事物；否则单子就会是神了。单子之受限制，不在于单子的对象，而在于认识对象的方式。他们都以混乱的方式追求着无限和全体；但他们因自身的知觉的清晰程度而受限制和相区别。

解释：

值得注意的是，由于单子没有可供外物出入的窗户，严格地说，单子并不表象外物。但由于小宇宙与大宇宙之间的和谐一致，单子之表现自身也就是在表象宇宙了。由于单子的有限性，它对宇宙的表象必然是存在着不同程度的混乱，只有上帝才能完全清晰地表象宇宙。

第七部分　有机的自然观（第61—70节）

61. And compounds are in this respect analogous with [symbolisent avec] simple substances. For all is a plenum and thus all matter is connected together and in the plenum every

motion has an effect upon distant bodies in proportion to their distance, so that each body not only is affected by those which are in contact with it and in some way feels the effect of everything that happens to them, but also is mediately affected by bodies adjoining those with which it itself is in immediate contact. Wherefore it follows that this inter-communication of things extends to any distance, however great. And consequently every body feels the effect of all that takes place in the universe, so that he who sees all might read in each what is happening everywhere, and even what has happened or shall happen, observing in the present that which is far off as well in time as in place: sympnoia panta, as Hippocrates said. But a soul can read in itself only that which is there represented distinctly; it cannot all at once unroll everything that is enfolded in it, for its complexity is infinite.

复合物在这一方面类似于单纯实体。既然一切都是充实的，所有的物体就都相互联系在一起，在充实之中，每一运动对于遥远的物体都能产生与其距离相对应的影响，因而每一物体不仅受与它相接触的物体影响，以某种方式感受到发生在他们身上的一切事情，而且受与它直接接触的物体相邻近之物的间接影响。由此可知，这种事物间的相互交往延伸到无限遥远的距离。因为，每一物体都能感受到所有发生在宇宙中的事情的效果，从而，洞察一切的人能在每一事物中看到各处所发生的事，甚至那些已经发生的或将要发生的，能在当下看到那些时间上和空间上甚为遥远的事情。正如希波克拉底①所说的，sympnoia panta（万物相通）。但灵魂在自身中只能看到那些被清晰表象的东西；而不能立刻打开封藏在自身中的所有东西，因为其繁复性是无穷的。

解释：

由这一节起，莱布尼茨开始集中谈论有形体、广延的自然界。在自然界中万事万物是互相联系、互相影响的，因为自然是一个充实、没有虚空的隔离，一个事物的运动、变化必通过力学定律传导到所有地方。这种现象界的普遍联系与本体界的单子之间的普遍联系是非常不同的：前者是通过力学定律的外部影响，后者则是基于每个单子内部都包含了与所有其他单子的关系。

既然宇宙在本质上是无数的精神性的单子，那么有广延的自然界从何而来呢？这恐怕是莱布尼茨哲学中最困难的问题之一。《单子论》第二节中说"复合物只是单纯物的集合或堆集"，这显然不能从字面上去理解，因为无广延的单子无论如何堆集也堆不出有广延的物质。笔者认为，可通过莱布尼茨的表象理论或知觉理论

———————

① 希波克拉底，约公元前460—约公元前370，古希腊名医，被称为医药之父。

对物质世界的形成作出较合理的解释。如前所说，每个单子都表象着或知觉着所有的单子，由于单子知觉的有限性和含混性，在其知觉或表象中就不可避免地存在着某种扭曲和变形，这样一来，原本无广延的单子世界就被表象为或构造成有广延的物质世界了。这种表象出物质世界的混乱的知觉应该处于无意识的层面，这样，物质世界就独立于人和动物的意识而获得其自在性，是"有着良好基础的现象"（well-founded phenomena）。

这种表象理论的解释还可以为莱布尼茨的物质是单子的堆集的说法提供某种说明。既然物质世界是被无意识的混乱知觉所表象出的现象，其本质是无数的单子，在某种比喻的、不严格的意义上，我们可以说"物质是单子的堆集"。更贴切一些的比喻说法应该是"无数的单子被无意识的混乱知觉堆集成有广延的物质世界"。

62. Thus, although each created Monad represents the whole universe, it represents more distinctly the body which specially pertains to it, and of which it is the entelechy; and as this body expresses the whole universe through the connexion of all matter in the plenum, the soul also represents the whole universe in representing this body, which belongs to it in a special way. (Theod. 400.)

尽管每一个被创造的单子都表象整个宇宙，但它表象特别属于它的、以它为"隐得来希"的形体更为清晰；由于这一形体通过与在充实中的所有物体的联系而反映整个宇宙，灵魂也通过表象这一以特别的方式属于它的形体而表象整个宇宙。（参见《神正论》第400节）

解释：

从逻辑的角度来分析，单子的形态可分为三个阶段，第一，单子最本原的形态是纯精神的实体。第二，由于单子的无意识的知觉的混乱的表象作用，物质世界产生出来与单子相对。第三，为了更好地表象物质世界，单子通过与某些物质紧密联系以具有躯体或形体，从而成为现实的个体或复合的实体。这三个阶段只是逻辑意义上的，并不表示单子在时间中现实地经历了三个阶段。

63. The body belonging to a Monad (which is its entelechy or its soul) constitutes along with the entelechy what may be called a living being, and along with the soul what is called an animal. Now this body of living being or of an animal is always organic; for, as every Monad is, in its own way, a mirror of the universe, and as the universe is ruled according to a perfect order, there must also be order in that which re-presents it, i. e. in the perceptions of the soul, and conse-quently there must be order in the body, through which the

universe is represented in the soul. (Theod. 403.)

形体附属于单子（而单子是其"隐得来希"或灵魂），形体和"隐得来希"一起构成了生物，和灵魂一起构成了动物。生物或动物的形体总是有机的，因为每一单子以自身的方式是宇宙的一面活的镜子，而宇宙又为完美的秩序所统御，那么在表象它的东西中，也就是灵魂的知觉中，必定也存在着秩序，从而在形体中，通过它，宇宙被表象于灵魂，也存在着秩序。（参见《神正论》第403节）

解释：

单子的形体与普通的复合物（如一块石头）不同，形体是为单子所统一起来的，而石头则是被力学定律所聚集在一起。单子之中包含了宇宙（无数单子所组成的系列）的完美秩序，当单子在赋予形体以统一性的时候，这种完美秩序也在某种程度上被赋予形体，从而形体具有了有机性，而不仅仅是量的聚集。

64. Thus the organic body of each living being is a kind of divine machine or natural automaton, which infinitely surpasses all artificial automata. For a machine made by the skill of man is not a machine in each of its parts. For instance, the tooth of a brass wheel has parts or fragments which for us are

not artificial products, and which do not have the special characteristics of the machine, for they give no indication of the use for which the wheel was intended. But the machines of nature, namely, living bodies, are still machines in their smallest parts ad infinitum. It is this that constitutes the difference between nature and art, that is to say, between the divine art and ours. (Theod. 134, 146, 194, 403.)

因而，每一生物的有机形体都是一个神圣的机器，或一台无限地优越于任何人造的自动机器的自然的自动机器。因为人的技艺所制造的机器的每一部分并非机器。例如，黄铜齿轮的齿的部分或断片对我们而言就不再是人造物，它们不具有机器的特征，因为它们不能表现出齿轮的用途。而自然的机器，即有机体，在其无限小的部分仍是机器。这正是自然与技艺之间、也就是说神的技艺与我们的技艺之间的区别所在。（参见《神正论》第 134 节、第 146 节、第 194 节、第 403 节）

解释：

与早期近代哲学中把形体视为机器的机械论观点不同，莱布尼茨认为生物的形体是神圣的机器即上帝造的机器，完全不同于人造的机器。在形体中，部分与整体互相关联，以致无限小的部分仍表现出整个神圣机器的特性和功能。形体的这种有机的部分与整体的统一性来源于在生物中起主导作用的单子，因为单子是多中之一，在自身中容纳了整个宇宙，当单子与形体结合时，就把这种有机性赋予了形体。

65. And the Author of nature has been able to employ this divine and infinitely wonderful power of art, because each portion of matter is not only infinitely divisible, as the ancients observed, but is also actually subdivided without end, each part into further parts, of which each has some motion of its own; otherwise it would be impossible for each portion of matter to express the whole universe. (Theod. Prelim. , Disc. 70, and 195.)

自然的创造者能够运用这一神圣的和无比神奇的技艺能力，因为物质的每一部分不仅是无限可分的，如古人所观察的那样，而且实际上可以无止境地再分割，每一部分都可分为更小的部分，而任一部分都有其自身的运动；否则，物质的每一部分就不可能反映整个宇宙了。(参见《神正论》导论、第 70 节、第 195 节)

66. Whence it appears that in the smallest particle of matter there is a world of creatures, living beings, animals, entele-chies, souls.

由此可知，在物质的最小的微粒中也有一个生物——有机体、动物、"隐得来希"和灵魂——的世界。[①]

解释：

这两节进一步说明了生物形体的有机性。在这里整体与部分的统一性从形体与其部分扩展到形体与宇宙，从而形体的任一微小的部分都有一个生物的世界，而不仅仅是一个生物。

这两节看上去似乎是泛指物质而言，即包括生物的形体也包括无机物。但这样解释的话逻辑上会遇到困难，因为无机物的部分和整体之间虽然可以通过力学定律相影响，但不存在着有机的统一关系。

67. Each portion of matter may be conceived as like a garden full of plants and like a pond full of fishes. But each branch of every plant, each member (organ) of every animal, each drop of its liquid parts is also some such garden or pond.

物质的每一部分都可被视为是一个长满植物的花园，或一个充满着鱼的池塘。而植物的每一枝条、动物的每一肢体以及它的体液的每一滴，都也是这样的花园

---

① 此节 Nicholas Rescher 的翻译为 From this one sees that there is a whole world of creatures — of organisms, animals, entelechies, and souls — even in the least piece of matter.

或池塘。

68. And though the earth and the air which are between the plants of the garden, or the water which is between the fish of the pond, be neither plant nor fish; yet they also contain plants and fishes, but mostly so minute as to be imperceptible to us.

　　尽管花园中的植物之间的土壤和空气，或者池塘里的鱼之间的水，不是植物或鱼，但它们也包含了植物和鱼，只是通常极为细微而不为我们所觉察。

　　解释：
　　在莱布尼茨看来，土壤、空气、水虽然自身并不是有生命的有机体，但却包含了无数微小的生物，当时刚发现不久的显微镜被莱布尼茨视为对他的理论提供了很好的说明。这样一来，整个世界就都充满了生命，没有一个地方不具有有机性。

　　从另一个角度看，按照莱布尼茨的理论，既然现实世界是所有可能世界中最完满的，而且生命体比无机物具有更高的完满性，那么上帝就没有理由不使整个自然界都具有有机性。

69. Thus there is nothing fallow, nothing sterile, nothing

dead in the universe, no chaos, no confusion save in appear-
ance, somewhat as it might appear to be in a pond at a dis-
tance, in which one would see a confused movement and, as
it were, a swarming of fish in the pond, without separately
distinguishing the fish themselves. (Theod. Pref. [E. 475
b; 477 b; G. vi. 40, 44].)

因而，在宇宙中没有任何荒芜的、贫瘠的或死亡的
东西，没有任何混沌和混乱，除了表面现象之外。有些
像远处的池塘所显现的那样，人们只能远远看到鱼的群
集和混乱的运动，而不能看清鱼本身。(参见《神正论》
前言，[E. 475 b; 477 b; G. vi. 40, 44])

解释：
在承认世界的有机性的同时，莱布尼茨并未否定世
界的机械性，只是认为机械性是现象性的，世界的本质
则在于有机性。

70. Hence it appears that each living body has a dominant
entelechy, which in an animal is the soul; but the members
of this living body are full of other living beings, plants, ani-
mals, each of which has also its dominant entelechy or soul.

由此可知，每一个活的形体都有一个主导性的"隐
得来希"，在动物中则是灵魂；但这一活的形体的肢体

中充满了别的生物、植物、动物，它们中的每一个又有自己的主导性的"隐得来希"或灵魂。

解释：

值得注意的是，莱布尼茨虽然认为真正的个体是精神性的单子，但现实的个体（除了上帝之外）却总是复合性的，是由单子与形体构成的生命体，莱布尼茨又称此为复合实体（compound substance）。由于形体的无限可分性，在每一复合实体的内部都存在着无数的层面，每一层面都充满了各种生命的小宇宙，是对大宇宙的映射。

莱布尼茨似乎没有严格区别复合实体与复合物（compound），但两者的所指应该有所不同。复合实体指形体与灵魂组成生命体，有着显著的个体性和有机性；而复合物一般指有广延的物质，尽管莱布尼茨最终认为一切物质都充满了生命。

第八节　复合实体（生命体）的变化（第71—77节）

71. But it must not be imagined, as has been done by some who have misunderstood my thought, that each soul has a quantity or portion of matter belonging exclusively to itself or attached to it for ever, and that it consequently owns other

inferior living beings, which are devoted for ever to its service. For all bodies are in a perpetual flux like rivers, and parts are entering into them and passing out of them continually.

但不能像某些误解我思想的人那样去设想，每一灵魂都拥有专属于它自己，或永远附着于它的一块或一份物质，并且它就因此而拥有了永远服务于它的其他低级生物。因为一切形体都处于像河流一样的永恒变迁之中，不断地有些部分进入和离开它们。

解释：

由于与灵魂的密切关系，形体虽然具有了某种统一性，但这种统一性是不纯粹的，不可能像单子那样具有不受外界影响的绝对的独立性和自足性。在与外界的直接的相互作用中，形体不断地与外界进行着物质交换。

72. Thus the soul changes its body only by degrees, little by little, so that it is never all at once deprived of all its organs; and there is often metamorphosis in animals, but never metempsychosis or transmigration of souls; nor are there souls entirely separate [from bodies] nor unembodied spirits [genies sans corps]. God alone is completely without body. (Theod. 90, 124.)

　　因而，灵魂只是逐渐地、一点点地改变其形体，从而绝不会突然失去其所有器官；在动物中只有形态的改变，而绝没有轮回或灵魂的迁移；也不存在完全脱离形体的灵魂或无形体的精神。只有上帝才完全没有形体。（参见《神正论》第 90 节、第 124 节）

73. It also follows from this that there never is absolute birth〔generation〕nor complete death, in the strict sense, consisting in the separation of the soul from the body. What we call births〔generations〕are developments and growths, while what we call deaths are envelopments and diminutions.

　　由此还可知，不会有严格意义上的绝对的生，或就灵魂脱离形体而言的完全的死。我们所谓的生是指发展和成长，而我们所谓的死是指封藏和缩减。

　　解释：

　　受宗教思想影响的人常倾向于认为，生是灵魂与形体的结合，死是灵魂与形体的分离，莱布尼茨对此不以为然。他认为，灵魂由于自身的有限性而必然要与形体永远相结合，这样一来，生与死不过是形体在显著状态与不显著状态之间的变化而已。就灵魂本身而言，生与死不过是知觉的某种在有意识与无意识之间的转化。（参见《单子论》第 21 节）

74. Philosophers have been much perplexed about the origin of forms, entelechies, or souls; but nowadays it has become known, through careful studies of plants, insects, and animals, that the organic bodies of nature are never products of chaos or putrefaction, but always come from seeds, in which there was undoubtedly some preformation; and it is held that not only the organic body was already there before conception, but also a soul in this body, and, in short, the animal itself; and that by means of conception this animal has merely been prepared for the great transformation involved in its becoming an animal of another kind. Something like this is indeed seen apart from birth [generation], as when worms become flies and caterpillars become butterflies. (Theod. Pref. 86, 89, 90, 187, 188, 397, 403.)

哲学家们曾对形式、"隐得来希"或灵魂的起源大惑不解；但现在人们通过对植物、昆虫和动物的仔细考察已经知道，自然界的有机形体绝非混沌或腐化的产物，而总是源于精子，在其中无疑存在着某种预成（preformation）；经认定，不仅有机形体在受孕之前已经在那里，而且已有灵魂在形体中，总之，动物自身已经存在了；通过受孕，这一动物仅仅是为巨大的变形做准备，以成为另一种动物。人们还可在生殖之外看到类似的事情，例如，蠕虫变成苍蝇，毛虫化为蝴蝶。（参见

《神正论》前言、第 86 节、第 89 节、第 90 节、第 187
节、第 188 节、第 397 节、第 403 节）

解释：

莱布尼茨用当时生物学中的"预成论"来为自己的
生命体的连续性思想提供经验的证明。与当时流行的生
物的灵魂源于无机物（混沌或腐化）不同，"预成论"
根据显微镜的观察结果提出，生命体的成熟形态在精子
阶段就已经预先形成了，只不过被缩小了很多倍。

75. The animals, of which some are raised by means of con-
ception to the rank of larger animals, may be called spermat-
ic, but those among them which are not so raised but remain
in their own kind (that is, the majority) are born, multiply,
and are destroyed like the large animals, and it is only a few
chosen ones [elus] that pass to a greater theatre.

这些动物，其中的一些通过受孕而上升到大动物之
列，被称为精子动物，但它们中的那些没有上升而仍保
持原样的（即绝大多数）像大动物一样诞生、繁衍和死
亡，只有少数被选中的才走上一个更大的舞台。

76. But this is only half of the truth, and accordingly I hold
that if an animal never comes into being by natural means

[naturellement], no more does it come to an end by natural
means; and that not only will there be no birth [genera-
tion], but also no complete destruction or death in the strict
sense. And these reasonings, made a posteriori and drawn
from experience are in perfect agreement with my principles
deduced a priori, as above. (Theod. 90.)

　　但这仅是真理的一半，因而我认为，如果一个动物
不为自然的方式所产生，那它也不为自然的方式所终
结；不仅没有严格意义上的诞生，也没有严格意义上的
完全毁灭或死亡。这些后天的、源于经验的推论与我前
面的先天推演出来的原理完全一致①。（参见《神正论》
第 90 节）

77. Thus it may be said that not only the soul (mirror of an
indestructible universe) is indestructible, but also the animal
itself, though its mechanism [machine] may often perish in
part and take off or put on an organic slough [des depouilles
organiques].

　　由此可知，不仅灵魂（不可毁灭的宇宙的一面镜
子）是不可毁灭的，动物自身也是如此，尽管它的机体
常常部分消亡，并脱去或获得有机的外壳。

---

　　①　参见《单子论》第 71—73 节。

第九部分　身心关系（第78—81节）

78. These principles have given me a way of explaining naturally the union or rather the mutual agreement [conformite] of the soul and the organic body. The soul follows its own laws, and the body likewise follows its own laws; and they agree with each other in virtue of the pre-established harmony between all substances, since they are all representations of one and the same universe. (Theod. Pref. 340, 352, 353, 358.)

这些原理给予我一种方法，可以自然地解释灵魂和有机形体之间的结合或一致。灵魂遵循自身的法则，形体也遵循自身的法则；凭借所有实体间的前定和谐，两者之间能够协调一致，因为它们都是同一宇宙的表象。（参见《神正论》前言、第340节、第352节、第353节、第358节）

79. Souls act according to the laws of final causes through appetitions, ends, and means. Bodies act according to the laws of efficient causes or motions. And the two realms, that of efficient causes and that of final causes, are in harmony with one another.

灵魂按照目的因通过欲求、目的和手段的法则而活动。形体依据动力因的或运动的法则而活动。这两个领域，目的因的领域和动力因的领域，是彼此协调的。

80. Descartes recognized that souls cannot impart any force to bodies, because there is always the same quantity of force in matter. Nevertheless he was of opinion that the soul could change the direction of bodies. But that is because in his time it was not known that there is a law of nature which affirms also the conservation of the same total direction in matter. Had Descartes noticed this he would have come upon my system of pre-established harmony. (Theod. Pref. 22, 59—61, 63, 66, 345—348, 354, 355.)

笛卡尔认识到，灵魂不可能给予力量于形体，因为在物质中力保持相同的数量。然而他却认为，灵魂可以改变形体的方向。但这是因为在他的时代，物质中运动方向的守恒这一自然律尚不为人所知。如果笛卡尔知道这一点，他一定会赞同我的前定和谐体系。（参见《神正论》前言、第 22 节、第 59—61 节、第 63 节、第 66 节、第 345—348 节、第 354 节、第 355 节）

解释：

笛卡尔一方面把形体与灵魂割裂开来，另一方面又试图想办法使其相联系，以解释身心互动的经验事实。他认为，尽管灵魂不可能改变形体运动的数量，因为物质中运动量是守恒的，但灵魂可以通过大脑中的松果腺的中介而改变形体的运动方向。与之针锋相对，莱布尼茨认为，不仅物质运动的数量是守恒的，而且其运动的方向也是守恒的，从而物质运动完全是自足的，不需要也不允许灵魂的干预。通过将笛卡尔的动量守恒定律改造成动力守恒定律，莱布尼茨为其前定和谐理论提供了物理学的基础。

81. According to this system bodies act as if (to suppose the impossible) there were no souls, and souls act as if there were no bodies, and both act as.if each influenced the other.

　　根据这一体系，形体就像不具有灵魂那样（这当然是不可能的）活动，灵魂就像不拥有形体那样活动，这两者就像能相互影响那样活动。

　　解释：
　　后来的笛卡尔主义者如马勒布朗士等，放弃了笛卡尔的困难重重的身心直接相关联的理论，提出了"偶因论"（occasionalism）来解释身心关系。他们认为，灵魂和身体之间不存在真正的因果关系和相互作用，只是由于上帝的随时干预，才使得身心之间保持协调一致。莱布尼茨的前定和谐理论与偶因论有相同的地方，即都认为身心间不可能有真正的关联；两者的不同在于，偶因论依赖于上帝的随时干预来保持身心间的协调，前定和谐理论则认为，上帝只在创始之初规定形体的规律与灵魂的规律协调一致，此后上帝就不再进行任何干预了。莱布尼茨认为，偶因论者实际上把上帝变成了个糟糕的钟表匠，需要不断地调整，才能让他所造的形体和灵魂这两块表保持时间的一致。

第十部分 上帝之城（第 82—90 节）

82. As regards minds［esprits］or rational souls, though I find that what I have just been saying is true of all living beings and animals（namely that animals and souls come into being when the world begins and no more come to an end that the world does）, yet there is this peculiarity in rational animals, that their spermatic animalcules, so long as they are only spermatic, have merely ordinary or sensuous［sensitive］souls; but when those which are chosen［elus］, so to speak, attain to human nature through an actual conception, their sensuous souls are raised to the rank of reason and to the prerogative of minds［esprits］.（Theod. 91, 397.）

至于心灵或理性灵魂，尽管我觉得我刚才所说的适

用于所有的生物和动物（即动物和灵魂与宇宙同始同
终），然而理性灵魂有其特殊性，即他们微小的精子动
物，就他们是精子而言，就只具有普通的或感性的灵
魂；但当那些被选中的小动物通过实际的受孕而获得人
性时，它们的感性灵魂就被提升到理性的层面，获得了
心灵的特权。（参见《神正论》第 91 节、第 397 节）

83. Among other differences which exist between ordinary
souls and minds [esprits], some of which differences I have
already noted, there is also this: that souls in general are liv-
ing mirrors or images of the universe of created things, but
that minds are also images of the Deity or Author of nature
Himself, capable of knowing the system of the universe, and
to some extent of imitating it through architectonic ensamples
[echantillons], each mind being like a small divinity in its
own sphere. (Theod. 147.)

　　在普通灵魂和心灵的区别中，我对此已谈到了一
些①，还有这一点：即一般的灵魂是创造物的宇宙的活
的镜子或映象，而心灵则还是神或自然的创造者本身的
肖像，能够认识宇宙的秩序，并在一定程度上能通过例
如建筑来模仿它，每一心灵在自身领域内就像是个小

---

　　①　参见《单子论》第 29—30 节。

神。(参见《神正论》第 147 节)

解释:

人的心灵由于具有了理性,从而具有了某种神性,这使他不仅像其他灵魂一样是宇宙的活镜,更是上帝的肖像。对人的理性思维能力和实践能力的推崇体现了莱布尼茨作为理性主义哲学家的基本特色和乐观主义精神。值得注意的是,这与强调理性的软弱无力的新教思想的信仰主义是恰恰相反的,尽管莱布尼茨在名义上也是新教徒。

84. It is this that enables spirits [or minds – esprits] to enter into a kind of fellowship with God, and brings it about that in relation to them He is not only what an inventor is to his machine (which is the relation of God to other created things), but also what a prince is to his subjects, and, indeed, what a father is to his children.

正是这一点使得精神或心灵进入到一种与上帝的伙伴关系,使得上帝与他们的关系不仅仅是发明家与他的机器的关系(上帝与其他创造物的关系正是如此),而且还是君主与其臣民的关系,甚至还是父亲与其子女的关系。

解释:

托马斯·阿奎那认为人可以与上帝形成一种友爱关

系，但前提是必须信仰道成肉身的耶稣，从而能分有神性。但在莱布尼茨看来，人与上帝的伙伴关系基于人具有理性这一点就足够了，不需要信仰或奇迹的因素。这充分地表现了莱布尼茨理性神学中的人本主义色彩。

85. Whence it is easy to conclude that the totality [assemblage] of all spirits [esprits] must compose the City of God, that is to say, the most perfect State that is possible, under the most perfect of Monarchs. (Theod. 146; Abrege, Object. 2.)

由此很容易得出，所有精神的全体必构成了上帝之城，也就是说，在最完美的君主统治之下的尽可能最完美的国度。(参见《神正论》第146节；节略，异议2)

解释：

奥古斯丁的"上帝之城"指的是与世俗社会相对而言的基督徒的教会，莱布尼茨的"上帝之城"则是指与自然界相对的整个人类社会（再加上天使等理性灵魂）。这表明莱布尼茨晚年的理性神学已突破传统基督教的局限，而达到真正意义上的普世性。

86. This City of God, this truly universal monarchy, is a moral world in the natural world, and is the most exalted and

most divine among the works of God; and it is in it that the glory of God really consists, for He would have no glory were not His greatness and His goodness known and admired by spirits [esprits]. It is also in relation to this divine City that God specially has goodness, while His wisdom and His power are manifested everywhere.

这一上帝之城，这一真正的普遍王国，是自然世界中的道德世界，是上帝的作品中最崇高、最神圣的部分；上帝的荣耀正在于此，因为如果上帝的伟大和善如果不为精神所认识和崇敬的话，那他就没有荣耀可言。也正是在与这一神圣之城的关系中，上帝才特别具有了善，而他的智慧和力量也无处不在。

解释：

没有人类社会的话，上帝的荣耀和善就无处体现。莱布尼茨的这一思想有着浓厚的人类中心论的色彩，当代的很多环境主义者、动物保护主义者恐怕不会喜欢。

87. As we have shown above that there is a perfect harmony between the two realms in nature, one of efficient, and the other of final causes, we should here notice also another harmony between the physical realm of nature and the moral realm of grace, that is to say, between God, considered as

Architect of the mechanism [machine] of the universe and God considered as Monarch of the divine City of spirits [esprits]. (Theod. 62, 74, 112, 118, 130, 247, 248.)

如上所示，在自然的两个领域之间，即动力因的领域和目的因的领域之间，存在着完美的和谐，我们还应该注意到自然的物理领域和神恩的道德领域之间的另一种和谐，也就是说，作为宇宙机器的建筑师的上帝和作为精神的神圣之城的君主的上帝之间的和谐。（参见《神正论》第 62 节、第 74 节、第 112 节、第 118 节、第 130 节、第 247 节、第 248 节）

88. A result of this harmony is that things lead to grace by the very ways of nature, and that this globe, for instance, must be destroyed and renewed by natural means at the very time when the government of spirits requires it, for the punishment of some and the reward of others. (Theod. 18—20, 110, 244, 245, 340.)

这一和谐的一个结果是，事物通过自然的方式引向神恩，例如，这一星球会以自然的方式而被毁灭和重建，当对精神的统治需要这样做来惩罚一些人和奖励另一些人的时候。（参见《神正论》第 18—20 节、第 110 节、第 244 节、第 245 节、第 340 节）

89. It may also be said that God as Architect satisfies in all respects God as Lawgiver, and thus that sins must bear their penalty with them, through the order of nature, and even in virtue of the mechanical structure of things; and similarly that noble actions will attain their rewards by ways which, on the bodily side, are mechanical, although this cannot and ought not always to happen immediately.

还可以得出，作为建筑师的上帝在一切方面都满足作为立法者的上帝，因而罪恶必通过自然的秩序、乃至事物的机械结构而受到惩罚；同样，高尚的行为在形体方面也通过机械的方式获得奖励，尽管这不可能也不应该经常立刻发生。

解释：

自然的物理领域和神恩的道德领域之间的前定和谐意味着，上帝并不需要去行使超自然的奇迹来惩恶扬善，神恩常常通过自然的方式表现出来，否则，上帝就成了个糟糕的钟表匠。但这并不意味着莱布尼茨完全否认"奇迹"（miracle）的存在，如上帝的创世、道成肉身、耶稣的死而复活、圣餐等基督教信仰只能是超自然的奇迹。莱布尼茨否认的是用奇迹来解释自然现象。

90. Finally, under this perfect government no good action

would be unrewarded and no bad one unpunished, and all should issue in the well-being of the good, that is to say, of those who are not malcontents in this great state, but who trust in Providence, after having done their duty, and who love and imitate, as is meet, the Author of all good, finding pleasure in the contemplation of His perfections, as is the way of genuine "pure love", which takes pleasure in the happiness of the beloved. This it is which leads wise and virtuous people to devote their energies to everything which appears in harmony with the presumptive or antecedent will of God, and yet makes them content with what God actually brings to pass by His secret, consequent and positive [decisive] will, recognizing that if we could sufficiently understand the order of the universe, we should find that it exceeds all the desires of the wisest men, and that it is impossible to make it better than it is, not only as a whole and in general but also for ourselves in particular, if we are attached, as we ought to be, to the Author of all, not only as to the architect and efficient cause of our being, but as to our master and to the final cause, which ought to be the whole aim of our will, and which can alone make our happiness. (Theod. Pref. 134, ad fin., 278.)

最后，在这一完美的统治下，没有任何善的行为不会被奖励，没有任何恶的行为不会被惩罚，所有这些都是为了善人的幸福，也就是说，为了那些在这一伟大国度毫无怨言、尽职责且信奉天命的人，那些如其所应该的那样去热爱并仿效那所有善的创造者、在对他的完满性的沉思中找到快乐的人，这种从所爱对象的幸福中获得快乐乃是真正的"纯爱"之道。正是因此，贤明之士致力于与上帝的假定的、在先的意志相一致的任何事情，而满足于上帝通过他的隐秘的、结果的和决定的意志所实际带来的事情，他们认识到，如果人们能够充分理解宇宙的秩序，就会发现它超出了最聪慧的人的所有期望，无论就整体一般而言，还是就我们个别而言，都不可能使它变得比现在更好，只要我们能够如我们所应该的那样归附万物的创造者，不仅归附作为我们存在的建筑师和动力因的上帝，而且归附作为我们的主宰和目的因的上帝，他应该成为我们意志的全部目的，仅仅是他就足以使我们幸福。（参见《神正论》前言第 134 节、正文第 278 节）

解释：

莱布尼茨引用了经院哲学的两个重要术语，即上帝的假定的、在先的意志（presumptive or antecedent will）和上帝的结果的和决定的意志（consequent and positive will）。上帝的假定的、在先的意志是指上帝主观上希望人类在各方面都得到最大的幸福；上帝的结果的和决定的意志是指由于世界和人的局限性，以及个体与个体之间、整体和部分之间还有过去、现在与将来之间必须相协调的极端复杂性，上帝在客观上只能给予人类在现实条件制约之下的尽可能多的幸福。上帝的结果的和决定的意志不是人类的有限的理智所能够认识和预料的，因此，贤明之士尽人事而听天命，在行动时遵循上帝的假定的、在先的意志，为全人类的幸福而努力，无论其结果如何都欣然接受，因为这是上帝的结果的和决定的意志的体现。

　　莱布尼茨认为，最高的德性在于爱上帝。在他看来，爱是非功利性的，是"从所爱对象的幸福中获得快乐"，而上帝作为最完善、最幸福的存在，最值得人去爱，也最能给人带来幸福。爱上帝意味着我们认为他的所作所为都是最完善的，他所创造的世界是所有可能世界中最好的世界。

附录 2

对莱布尼茨《关于自然与神恩的基于理性的原则》的翻译

　　莱布尼茨《关于自然与神恩的基于理性的原则》是与《单子论》同一时期的著作，某种意义上可视为后者的提纲，但也有些《单子论》中没有清楚表达的思想在这里得到了说明。该文对于理解《单子论》和莱布尼茨的晚期成熟思想具有非常重要的价值。

PRINCIPLES OF NATURE AND OF GRACE,

FOUNDED ON REASON. 1714

关于自然与神恩的基于理性的原则 1714

Translated by Marry Morris 1934

1. Substance is a being capable of action. It is simple or compound. Simple substance is that which has no parts. Compound substance is the combination of simple substances

or monads. Monas is a Greek word which signifies unity or that which is one. Compounds or bodies are pluralities, and simple substances—that is lives, souls, minds—are unities. There must necessarily be simple substances everywhere, because without simple substances there could be no compounds; consequently the whole of nature is full of life.

实体是能够活动的存在。它是单纯的或复合的。单纯实体是指没有部分的东西。复合实体则是单纯实体或单子的结合。Monas 是希腊词，意指"个体"或者"一"。复合物或物体是多，单纯实体——即生命、灵魂、心灵——是一。单纯实体必然无处不在，因为没有单纯实体就没有复合物；从而整个自然都充满了生命。

2. Monads, having no parts, cannot be made or unmade. They can neither begin nor end naturally, and consequently they last as long as the universe, which will be changed but not destroyed. They cannot have shapes, otherwise they would have parts. Thus one monad, in itself and at a particular moment, can only be distinguished from another by internal qualities and activities, which can be nothing else but its perceptions (that is to say, the representations in the simple of the compound or of that which is outside) and its appetitions (that is to say, its tendencies to pass from one percep-

tion to another), which are the principle of change.

For the simplicity of substance does not preclude the possibility of a multiplicity of modifications, which indeed necessarily exist together in the same simple substance, and these modifications must consist in the variety of the relations of the simple substance to things which are outside. Just as in a centre or point, in itself perfectly simple, are found an infinite number of angles formed by the lines which meet there.

由于没有部分，单子就不能被产生或毁灭。它们不能自然地开始或终结，从而它们与宇宙同寿，只能改变而不能摧毁。它们不可能具有形状，否则就会有部分了。这样一来，单子自身在一特定时刻只能靠内在的质和活动而彼此区别，也就是它的知觉（即在单纯物中对复合物或外界之物的表象）和作为变化的原则的欲求（即从一个知觉向另一知觉过渡的趋势）。

由于实体的单纯性并不排斥样式的多样性的可能，它们确实必然会一起存在于同一单纯实体之中，这些样式必在于单纯实体与外界事物的各种关系。就像在一个自身完全单纯的中心或点上，可以找到由汇聚在这里的线条所构成的无数的角度。

3. All nature is a plenum. Everywhere there are simple sub-

stances, effectively separated from one another by actions of their own which are continually altering their relations; and each simple substance or distinct monad, which forms the centre of a compound substance (e. g. of an animal) and the principle of its oneness, is surrounded by a mass composed of an infinite number of other monads which constitute the body belonging to this central monad; corresponding to the affections of its body it represents, as in a kind of centre, the things which are outside of it.

And this body is organic, when it forms a kind of automaton or natural machine, which is a machine not only as a whole but also in its smallest observable parts. And since because the world is a plenum everything is connected together, and each body acts on every other body more or less according to the distance, and is affected by it by reaction, it follows that every monad is a mirror that is alive or endowed with inner activity, is representative of the universe from its own point of view, and is as much regulated as the universe itself.

The perceptions in the monad spring from one another according to the laws of the appetites or the final causes of good and evil, which consist in the observable perceptions, regulated or unregulated—in the same way as the changes of the bodies and the phenomena outside spring from one another according to the laws of efficient causes, that is to say of motions.

Thus there is a perfect harmony between the perceptions of the monad and the motions of the bodies, pre-established at the outset between the system of efficient causes and the system of final causes. Herein consists the concord and the physical union of the soul and the body, which exists without the one being able to change the laws of the other.

整个自然都是充实的。单纯实体无处不在，它们通过不断改变其关系的自身的活动而彼此有效地区别开来；每一个高级的单纯实体或单子①——它构成了一个复合实体（即动物）的中心和它的统一原则，被由无数其他单子组成的团块所围绕，这一团块构成了这一中心单子的形体；通过与其形体的状态相协调，就像处于某种中心一样②，它表象了在它之外的事物。

这一形体是有机的，它构成了一种自动的机器或自然的机器，不但其作为整体而且在其最小的可见部分都

---

① 此处 Morris 的译文不够准确，Wiener 的译文为 each important simple substance or monad，Loemker 的译文为 each outstanding simple substance or monad。

② 有学者（Jonathan Bennett）认为莱布尼茨在此是用神经中枢（nervous centre）来比喻核心单子。

是机器。因为世界是充实的，一切事物都相互联系，每一物体都根据距离而或多或少地作用于所有的其他物体，并受其反作用的影响，由此可知，每一个单子都是一面活的、被赋予了内在活动性的镜子，从自身的观点来表象宇宙，并像宇宙本身那样秩序井然。

　　单子中的知觉遵循欲求（其在于有序或无序的可见的知觉）的法则或善与恶的目的因的法则而发源于另一知觉，就像①物体或外界现象的变化依据动力因的法则或运动规律而源于另一东西。因此，在单子的知觉与物体的运动之间存在着完美的和谐，它被前定于动力因系统和目的因系统的发端之际。灵魂和形体之间的一致和物理的联合——不需要一个能够改变另一个的规律就能存在——正在于此。

4. Each monad, together with a particular body, makes a living substance. Thus there is not only life everywhere, joined to members or organs, but there are also infinite degrees of it in the monads, some of them more or less dominating over others.

　　每一单子与特定的形体一起构成了活的实体。因而不但到处都存在着具有肢体和器官的生命，而且在单子

---

　　①　此处 Wiener 的译文为 just as，文意更为通顺。

中也存在着无限等级的生命，其中的一些或多或少地统御着另一些。

But when the monad has its organs adjusted in such a way that by means of them the impressions they receive, and consequently the perceptions which represent them, are distinguished and heightened (as, for example, when by means of the shape of the humours of the eye rays of light are concentrated and act with more force), this may amount to sensation, that is to say, to a perception accompanied by memory—a perception, to wit, of which a certain echo long remains to make itself heard on occasion. Such a living being is called an animal, as its monad is called a soul.

但当单子使其感官如此调整以至于它们所接收到的印象，以及从而表现它们的知觉都是清晰的和强化的（例如，通过眼睛中的体液的形状，光线被聚集起来，更有力地发生作用），这就等同于感觉，也就是说，等同于有记忆相伴随的知觉——即它的回声可以长期存留以使其在需要之时能被听到。这种有生命的存在被称作动物，它的单子被称作灵魂。

And when this soul is raised to the level of reason, it is something more sublime, and is reckoned as a mind, as will be explained later. It is true that animals are sometimes in the condition of simple living beings and their souls in the condition of simple monads, to wit, when their perceptions are not sufficiently distinguished to be remembered, as occurs in a deep dreamless sleep or in a swoon.

当灵魂被提升到理性的层面，它就是某种更崇高的东西，被视为心灵，对此后面会加以解释。确实，动物有时处于简单的生命体的状态，它们的灵魂处于简单的单子的状态，也就是说，它们的知觉的清晰程度不足以使其被记忆，就像发生在深沉的无梦睡眠或昏迷中的情形那样。

But perceptions which have become entirely confused must necessarily be developed again in animals, for reasons I shall give below (12). Thus it is well to distinguish between perception which is the inner state of the monad representing external things, and apperception, which is consciousness, or the reflective knowledge of this inner state, and which is not given to all souls, nor at all times to the same soul.

但那些变得完全混乱的知觉必然会在动物身上再次发展，其原因我将在下面给出（第12节）。因此有必要区分作为单子表象外界事物的内在状态的知觉和作为意识或者内在状态的反思知识的统觉，后者并没有被给予所有的灵魂，对同一灵魂也未在所有时间都给予。

It is for want of this distinction that the Cartesians made the mistake of taking no account of perceptions which are not apperceived, as common people take no account of insensible bodies. It is this also which made these same Cartesians believe that minds alone are monads, and that there are no souls in animals, and still less other principles of life.

正是由于缺乏这种区分，笛卡尔派犯了否认不被觉察的知觉的错误，就像普通人否认看不见的物体那样。也正是这种错误使得笛卡尔派认为只有心灵才是单子，动物则连灵魂都没有，更不用说其他的生命原则了。

And while, in thus denying sensations to animals, they have gone against the common opinion of men too much, so they have, on the other hand, taken too much account of the prejudices of the vulgar, in confusing a long stupor, which arises from a great confusion of perceptions, with actual death, in which all perception would cease. This teaching of theirs has confirmed the ill-founded belief in the destruction of some souls, and the pernicious view of certain people, supposed to be free-thinkers, who have denied the immortality of ours.

当否认动物具有感觉的时候，他们大大地违背了普通人的常识，而另一方面，在把源于知觉的巨大混乱的长期昏迷，混淆于所有知觉都停止的实际的死亡时，他们又过于顺从普通人的偏见了。他们的学说支持了认为有些灵魂会毁灭这一缺乏根据的信念，以及所谓的自由思想家的否认灵魂的不朽性的有害观点。

5. There is a connection between the perceptions of animals, which bears some resemblance to reason; but it is based only on the memory of facts or effects, and not at all on the knowledge of causes. Thus a dog runs away from the stick with which he has been beaten, because memory represents to him the pain which was caused by that stick. And men, in so far as they are empiricists, that is to say in three-fourths of their actions, only act like brutes.

动物的知觉之间有一种联系，它与理性有某种类似之处；但它仅仅建立于对事实或效果的记忆，而非对原因的知识。因此一条狗从曾经打过它的棍子前逃走，是因为记忆提醒它那棍子所造成的痛苦。就人类作为经验主义者而言，也就是说在他们的四分之三的行为中，仅仅像动物那样活动。

For example, we expect that day will dawn tomorrow, because we have always experienced it to be so; it is only the astronomer who foresees it by reason, and even this prediction will ultimately fail when the cause of daylight, which is not eternal, ceases. But true reasoning depends on necessary or eternal truths (like the truths of logic, numbers, and geometry) which make the connection of ideas indubitable, and the sequences inevitable.

例如，我们期待明天天会亮，因为我们的经验总是如此；只有天文学家才能通过推理来预见它，当那并非永恒的天亮的原因停止之时，甚至这种预见都最终会失效。真正的推理依赖于必然的或永恒的真理（像逻辑学、数学和几何学的真理），它使得观念间的联系确定无疑，观念间的顺序不可更改。

Animals in which such sequences cannot be observed are called brutes; but those which know these necessary truths are called rational animals, and their souls are called minds. These souls are capable of performing acts of reflection, and of considering what is called self, substance, soul, mind-those things and truths, in short, which are immaterial. It is this which makes us capable of understanding science or demonstrative knowledge.

在其知觉中没有这种顺序的动物被称作禽兽；那些认识永恒真理的则被称作理性动物，他们的灵魂被称为心灵。这些灵魂能够进行反思的行为，能够思考所谓的自我、实体、灵魂、心灵，简言之，那些非物质的事情和真理。正是这种能力使我们能够理解科学或论证的知识。

6. The researches of the moderns have taught us, and it is approved by reason, that the living things whose organs we know, that is to say plants and animals, do not come from putrefaction or chaos as the ancients believed, but from pre-formed seeds, and consequently from the transformation of pre-existing living things.

现代的研究者告诉我们，理性也认同这一点，我们知道其构造的活的东西，即植物和动物，并非像古代人所相信的那样源于腐化或混沌，而是源于预成的种子，从而源于先在的生命的转化。

There are little animals in the seeds of the large ones, which by means of conception assume a new vesture, which they appropriate, and which enables them to be nourished and to grow, so as to pass on to a wider stage, and propagate the large animal. It is true that the souls of human spermatic animals are not rational and only become so when through conception these animals are destined for human nature.

在大动物的精子中存在着很小的动物，通过受孕它们穿上新的外衣，并将其据为己有，这使得它们能够被养育和成长，以登上一个更大的舞台，并长成大的动物。确实，人类精子动物的灵魂并非理性的，只有通过受孕而使这些动物注定会具有人性时它们才是理性动物。

And as animals are usually not born completely in conception or generation, so neither do they perish completely in what we call death; for it is reasonable that what does not begin naturally should not come to an end in the order of nature either. Thus, casting off their masks or their rags, they merely return to a more subtle scene, on which, however, they can be as sensible and as well ordered as on the greater one.

就像动物通常并非在受孕或生产时完全诞生，它们也不会在我们所说的死亡中彻底毁灭；因为这样才是合理的，即不能自然地开始的东西也不会在自然的秩序中终结。因而，在抛掉了面具和破旧衣服之后，它们只是返回到一个更小的场景，在其中它们就像在大场景中一样能够感受且秩序井然。

And what has just been said of large animals occurs also in the generation and death of these spermatic animals themselves; that is to say, they have grown from other smaller spermatic animals, in comparison with which they can be reckoned large; for everything in nature proceeds ad infinitum.

关于大动物所说的也适用于精子动物自身的生与死；也就是说，它们由其他的更小的精子动物成长而来，与其相比较它们可以被算作是大的；因为自然中的任何事物都是无限伸展的。

Thus not only souls but animals also are ingenerable and imperishable: they are only developed, enveloped, reclad, stripped, transformed; souls never leave the whole of their body, and do not pass from one body to another which is entirely new to them.

因而不仅灵魂而且动物都是不可产生和不可毁灭的：它们仅仅是展开、收缩、重穿、剥落、转化；灵魂绝不会离开它们形体的全部，不会从一个形体进入到另一个对它们全新的形体。

Thus there is no metempsychosis, but there is metamorphosis. Animals change, take on and put off parts only: in nutrition this takes place bit by bit, and by small insensible parts, but continually, while in conception and death when much is acquired or lost all at one time the change takes place rarely, but all at once and in a way that can be noticed.

因而没有轮回只有变形。动物变化着，只是接纳和丢弃一些部分：在摄取营养中，这是一点点地、通过很小的不可觉察的部分、却持久地发生，然而在一次就有大量的获得或丧失的受孕和死亡之时，这种变化是少见但突然的，并以一种可被注意的方式发生。

7. Up till now we have spoken as physicists merely; now we must rise to metaphysics, making use of the great principle, commonly but little employed, which holds that nothing takes place without sufficient reason, that is to say that nothing happens without its being possible for one who has enough knowledge of things to give a reason sufficient to determine why it is thus and not otherwise.

到目前为止我们仅仅是作为物理学家来发言；现在我们必须上升到形而上学，运用一个平常但被忽视的伟大原则，即没有事情是没有充分理由而发生的，也就是说，没有任何事情会发生，如果一个对它有着充分知识的人不能给出决定它为什么这样而不是那样的充足理由。

This principle having been laid down, the first question we are entitled to ask will be: Why is there something rather than nothing? For "nothing" is simpler and easier than "something". Further, supposing that things must exist, it must be possible to give a reason why they must exist just as they do and not otherwise.

这一原则确立之后，我们有权问的第一个问题就是：为什么有物存在而不是无物存在？因为"无物"比"有物"更简单更容易。而且，假定有物存在，必须有可能给出理由来说明为什么它们必须如其所示地存在而不是其他情形。

8. Now this sufficient reason of the existence of the universe cannot be found in the series of contingent things, that is to say, of bodies and of their representations in souls. For since matter is in itself indifferent to motion or to rest, and to one

motion rather than another, it cannot itself contain the reason
of motion, still less of a particular motion.

世界之存在的充足理由不可能在偶然事物（即物体
和它们在灵魂中的表象）的系列中被找到。因为物质自
身无所谓运动和静止，无所谓这一运动而非那一运动，
它自身并不包含运动的理由，更不用说某一具体运动的
理由了。

And although the present motion which is in matter ari-
ses from the one before it, and this in its turn from the one
before that, we are no further on however far we go; for the
same question always remains. Thus the sufficient reason,
which needs no further reason, must be outside this series of
contingent things, and must lie in a substance which is the
cause of this series, or which is a being that bears the reason
of its existence within itself; otherwise we should still not
have a sufficient reason, with which we could stop. And this
final reason of things is called God.

尽管物质中的当下运动源于前一运动，而这一运动
依次又源于更前的运动，无论我们走多远我们都不会有
所收获，因为同一问题总是存在①。因而这一充足理由，

———————
①　即"充足理由是什么"这一问题。——中译者注

它本身不需要进一步的理由，必须存在于偶然事物的系列之外，必须存在于是这一系列的原因的实体之中，或存在于在其自身之中具有其存在的理由的存在物之中；否则我们仍然不能拥有一个能使我们停止下来的充足理由。事物的这一最终理由被称做上帝。

9. This simple primary substance must include eminently the perfections which are contained in the derivative substances which are its effects. Thus it will have perfect power, knowledge, and will; that is to say, it will have omnipotence, omniscience, and supreme goodness. And as justice, taken in a very general sense, is nothing other than goodness in conformity with wisdom, there must clearly also be supreme justice in God.

　　这一单纯的原初实体必定卓越地①包含存在于作为其结果的派生实体中的完满性。因此它具有完美的能力、知识和意志；也就是说，它全能、全知且全善。由于广义的正义不过是与智慧相符的善，显然上帝之中也必定会有最高的正义。

---

　　① "卓越地"（eminently）一词，参见中译者对《单子论》第 38 节的解释。

Reason, which has made things exist through Him, makes them also depend on Him in their existence and operation; and they are continually receiving from Him that which endows them with some perfection; but any imperfection which they retain comes from the essential and original limitations of the created thing.

（上帝的）理性使事物通过他而存在，使它们在自身存在和运动上也依赖于他；它们持续地从他那里接受那赋予它们以某种完满性之物；而它们所拥有的任何不完满都来自创造物的本质的和原初的局限性。

10. It follows from the supreme perfection of God that in producing the universe He chose the best possible plan, containing the greatest variety together with the greatest order; the best arranged situation, place and time; the greatest effect produced by the simplest means; the most power, the most knowledge, the most happiness and goodness in created things of which the universe admitted.

从上帝创造世界的最高完满性可得出，他选择了最好的可能计划，即在具有最大的秩序的同时也具有最高的多样性；安排得最好的情景、地点和时间；最简单的方式产生出最大化的结果；创造物中的这世界所可能允许的最强的能力、最多的知识以及最大的幸福和善。

For as all possible things have a claim to existence in the understanding of God in proportion to their perfections, the result of all these claims must be the most perfect actual world which is possible. Otherwise it would not be possible to explain why things have happened as they have rather than otherwise.

因为在上帝的理智之中，所有的可能事物都有权比照它们完满性的程度而要求存在，所有这些要求的结果必定是所可能有的最完美的现实世界。否则就没法解释为何事情如其所示的发生而不是另外的样子。

11. The supreme wisdom of God has made Him choose especially the laws of motion, which are the best adjusted and the most fitted to abstract and metaphysical reasons. According to them there is always conserved the same quantity of total and absolute force or activity; the same quantity of relative force or reaction; the same quantity, finally, of force of direction. Moreover the activity is always equal to the reaction, and the whole effect is always equivalent to its full cause.

上帝的至高智慧使他特地去选择那些最适应且最符

合抽象的、形而上学的理性的运动定律。根据这些定律，全体的和绝对的力或运动守恒；相对的力或反作用力守恒；最后，方向的力守恒。此外，运动总是与其反作用力相等，所有的结果总是与其全部的原因相等。

It is surprising that those laws of motion discovered in our day, some of which I have myself discovered, cannot be explained merely by the consideration of efficient causes or of matter. For I have found that it is necessary to have recourse to final causes, and that these laws do not depend on the principle of necessity as do the truths of logic, arithmetic, and geometry, but on the principle of fitness, that is to say on the choice of wisdom. Thus it is one of the most effective and sensible proofs of the existence of God for those who are able to go deeply into these matters.

令人惊讶的是，在我们时代所发现的那些运动定律（其中的一些是我本人发现的），不能仅靠思考动力因或物质来获得解释。因为我发现有必要求助于目的因，这些定律并不像逻辑学、算术和几何学那样依靠必然性原则，而是依靠适合性原则，也就是说依靠智慧的选择。从而，对于那些能够深究事理之士而言，它是上帝存在的最有力、最明显的证据之一。

12. It follows, further, from the perfection of the Supreme Author, that not only is the order of the whole universe the most perfect possible, but also that each living mirror which represents the universe from its own point of view, that is to say each monad, each substantial centre, must have its perceptions and appetites regulated in the best way which is compatible with all the rest. From which it follows that souls, that is to say the most dominant monads, or rather animals themselves, cannot fail to wake up from the state of stupor in which they may be placed by death or by some other accident.

　　进而，由最高的创造者的圆满性可以得出，不仅整个宇宙的秩序是尽可能最完善的，而且每一个从自身的视角来表象宇宙的活的镜子，即每一单子、每一实体性的中心，其知觉和欲求都以最佳的方式来安排，以与所有的其他单子相协调。由此可知，灵魂，即最具统治性的单子，或动物自身，不可能不从由死亡或其他事故所导致的昏迷中苏醒过来。

13. For everything is regulated in things once for all with as much order and agreement as possible, since supreme wisdom and goodness cannot act without perfect harmony: the present is big with the future, what is to come could be read

in the past, what is distant expressed in what is near. The beauty of the universe could be learnt in each soul, could one unravel all its folds which develop perceptibly only with time.

一切事物都一劳永逸地被安排得具有尽可能多的秩序与和谐，因为最高的智慧与善不可能没有完美的和谐而行事：现在孕育着未来，即将来临之事可以在过去中读出，遥远之物表现在邻近之中。如果一个人能够打开一个灵魂所藏的所有东西，而这些只是随着时间才展开成为可见，那么他就可以在每一个灵魂之中发现宇宙之美。

But as each distinct perception of the soul includes an infinite number of confused perceptions which embrace all the universe, the soul itself does not know the things which it perceives, except in so far as it has perceptions of them which are distinct and heightened; and it has perfection in proportion to its distinct perceptions. Each soul knows the infinite, knows everything, but confusedly.

但由于灵魂的每一清晰的知觉都包含无数的表象整个宇宙的混乱的知觉，除了在灵魂具有清晰的和强化的知觉的范围之内，灵魂并不知道它所知觉的东西；它具有与其清晰的知觉相称的完善性。每一灵魂都以混乱的方式了解着无限，了解着万事万物。

Just as when I am walking along the shore of the sea and hear the great noise it makes, though I hear the separate sounds of each wave of which the total sound is made up, I do not discriminate them one from another; so our confused perceptions are the result of the impressions which the whole universe makes on us. It is the same with each monad. God alone has a distinct knowledge of everything, for He is the source of everything. It has been very well said that as a centre He is everywhere; but His circumference is nowhere, since everything is present to Him immediately, without being removed from this centre.

就像我在海边漫步听到它发出的巨大的声响，尽管我听到了组合成整个声响的每个海浪的单独的声音，但我并不能把它们彼此辨别开来；因而我们的混乱的知觉是整个宇宙给我们留下的印象的结果。每一单子都是如此。只有上帝才拥有关于一切事物的清晰的知识，因为他是万物之源。有句话说得很精彩：作为圆心（中心）他（上帝）无处不在，但他的圆周（边界）却无处存在，因为一切事物都立即呈现给他，而无需偏离这一中心。

14. As regards the rational soul or mind, there is in it something more than in monads, or even in simple souls. It is not only a mirror of the universe of created things, but also an image of the Deity. The mind not only has a perception of the works of God, but is even capable of producing something like them, though on a small scale.

至于理性灵魂或心灵，在其中有某种比在单子或简单的灵魂中所有的更多的东西。它不仅仅是创造物的宇宙的一面镜子，也是神的肖像。心灵不仅具有对神的作品的知觉，甚至还能创造类似它们的东西，尽管是在一个小的规模上。

For, not to mention the wonders of dreams, in which we invent without effort (but also without will) things we could only discover after much thinking when awake, our soul is architectonic in its voluntary activities also, and, discovering the sciences in accordance with which God had regulated things (pondere, mensura, numero, etc.), it imitates in its own sphere, and in the little world in which it is allowed to act, what God performs in the great world.

撤开梦的奇迹不谈，在其中我们可以毫不费力地

（但也是无意地）发现一些东西，而对此我们在清醒的时候却要苦思冥想才能想到。我们的心灵在其自主的^①行为中，在发现上帝依此（通过重量、尺度和数字等）来管理事务的科学中，都是有系统组织的，它在自己的领域内，在它被允许行动的小世界中，模仿上帝在大世界中所执行的事。

15. For this reason all minds, whether of men or superhuman spirits, entering as they do by virtue of reason and the eternal verities into a kind of society with God, are members of the City of God, that is to say of the most perfect state, formed and governed by the greatest and best of monarchs: where there is no crime without punishment, no good action without proportionate reward, and finally as much virtue and happiness as is possible; and this, not by any derangement of nature, as if what God has in store for the soul might disturb the laws of the body, but by the actual order of natural things, by virtue of the harmony pre-established from all time between the realms of nature and of grace, between God as Architect and God as Monarch, in such a way that nature itself leads to grace, and grace perfects nature in making use

---

①　自主的（voluntary）行为与梦中的无意的（without effort）行为相对立。——中译者注

of it.

由于这一理由，所有的心灵，无论是人的还是超人的精灵的，凭借理性和永恒的真理，与上帝结成了某种团体，他们都是上帝之城，也就是说为最伟大和最好的君主所治理的最完美的国度的成员：在此没有任何罪恶不被惩罚，没有任何善行不得到相应的奖励，拥有着尽可能多的德行和幸福；这不是通过对自然的重新安排来实现的，好像上帝储存在灵魂中的东西扰乱了物体的法则，而是通过自然物的实际秩序，凭借着自然界和神恩界之间的、作为建筑师的上帝与作为君主的上帝之间的创世以来就有的前定和谐，以此方式自然本身就导向神恩，而神恩也在对自然的运用中完善着自然。

16. Thus although reason cannot teach us the details of the great future, which are reserved for revelation, we can rest assured by this same reason that things are accomplished in a manner which exceeds our desires. Since, too, God is the most perfect and the most happy and consequently the most lovable of substances, and since pure true love consists in the state which causes pleasure to be felt in the perfections and happiness of the beloved, this love ought to give us the greatest pleasure of which a man is capable, when God is the object of it.

　　因而尽管理性不能告诉我们关于伟大未来的细节，这是保留给启示的，但这一理性可向我们确保事情会以一种超出我们欲求的方式完成。因为上帝是最完善的、最幸福的，因而也是最值得爱的实体，因为纯粹的真爱在于从被爱者的完善和幸福中感受到快乐的状态，当上帝是其目标的时候，这种爱会带给我们人所能享有的最高的快乐。

17. It is easy to love Him as we ought if we know Him as I have described. For although God is not sensible to our external senses, He is none the less very lovable and gives great pleasure. We see how much pleasure men derive from honours, although they do not consist of qualities that appear to the external senses. Martyrs and fanatics (although the affection of the latter is ill regulated) show of what the pleasure of the mind is capable; and what is more, even the pleasures of the senses are in the last resort intellectual pleasures, confusedly known.

　　如果我们能像我所描述的那样去认识上帝，那么就很容易如我们应该的那样去爱他。尽管上帝不能为我们的外感官所感知到，但他仍然很值得去爱并能带来巨大的快乐。我们知道人们从荣誉中能获得多么大的快乐，

尽管它们并不具有能为外感官所感知的性质。殉教者和
狂信者（尽管后者的情感是扭曲的）显示出心灵能感受
到何种的快乐。进而，甚至感官的快乐最终是被混乱地
认识的理智的快乐。

Music charms us although its beauty only consists in the
harmony of numbers, and in the account which we do not no-
tice, but which the soul none the less takes, of the beating or
vibration of sounding bodies, which meet one another at cer-
tain intervals. The pleasures which the eye finds in propor-
tions are of the same kind, and those caused by the other
senses amount to much the same thing, although we may not
be able to explain it so distinctly.

音乐使我们沉醉，尽管它的美只在于数字的和谐，
只在于在某种间隔中相遭逢的发声体的击打或振动，对
此我们并未注意，但灵魂却保持着觉察。眼睛在均衡中
所发现的快乐也是如此，那些为其他感官所引起的快乐
也是这样，尽管我们不能如此清楚地对之进行解释。

18. It may even be affirmed that love of God gives us here
and now a foretaste of future felicity. And although it is dis-
interested, it constitutes of itself our greatest good and inter-
est, even though we may not seek them in it, and consider

only the pleasure which it gives without regard to the utility it produces; for it gives us a perfect confidence in the goodness of our Author and Master, which produces a true tranquillity of mind, not as in the Stoics, who resolutely force themselves to patience, but by a present contentment, which further assures us a future happiness.

甚至可以肯定，对上帝的爱使我们能够在此时此地预尝到未来的幸福。尽管它是非功利的，它自身却构成了我们最大的好处和利益，尽管我们并不在其中寻求它们（即好处和利益），只考虑它带来的快乐而不顾及它产生的功利；因为它给予我们对于我们的创造者和主人的完全的信任，这带来了心灵的真正的宁静。这种宁静不像在斯多亚主义者那里一样，只是靠坚强地迫使自己忍耐以达到，而是通过当下的满足来实现，这进而确保了我们将来的幸福。

And apart from the present pleasure, nothing could be more useful for the future, for the love of God also fulfils our hopes, and leads us in the way of supreme happiness, because in virtue of the perfect order established in the universe, everything is done in the best possible way, as much for the general good as also for the greatest particular good of those who believe in it, and who are satisfied by the Divine government: which cannot fail to be the case with those who know how to love the Source of all good.

除了当前的快乐之外，没有什么能够对于将来的快乐更加有用①，因为对上帝的爱也满足了我们的希望，引导我们走上最高幸福之路，因为由于建立在宇宙中的完美的秩序，一切事物都以尽可能好的方式发生，既最有利于普遍的利益，也顾及到以下人的最大的特殊利益：即那些信仰这一秩序的人，和对神圣的政府感到满意的人，他们知道如何去爱那万善之源。

It is true that supreme happiness (with whatever beatific vision, or knowledge of God, it may be accompanied) can never be complete because God, being infinite, cannot be entirely known. Thus our happiness will never consist, and ought not to consist, in a complete enjoyment, in which there would be nothing left to desire, and which would make our mind stupid, but in a perpetual progress to new pleasures and new perfections.

确实，最高的幸福（它必然伴随着对至福的见证和对上帝的知识）绝不会是完全的，因为作为无限者的上

---

① 即对上帝的爱不仅给我们带来当下的快乐，而且带来最大的将来的快乐。——中译者注

帝不可能被完全认识。从而我们的幸福绝不在于、也不应该在于没有任何东西值得欲求的完全的快乐，那只会使我们心灵麻木，而是在于对新的快乐和新的完善的永恒的前进中。

后　记

一

　　后记的第一部分为笔者博士论文后记的抄录，以期保持当年的心迹。

　　论文总算是做完了，我心中感到说不出的轻松和舒畅，长期以来一直压在肩上的重担终于可以歇一下了。众所周知，莱布尼茨哲学思想非常零散，他几乎对每一个问题都是点到即止，没有进行系统地详细论述，这给研究者带来很大的困难，再加上武汉大学对莱布尼次哲学的研究已颇为深入了，要想就此提出新观点并写成一篇像样的博士论文真是谈何容易。记得三年前经过一番"痛苦挣扎"完成了硕士论文《莱布尼茨哲学中的微知觉理论》之后，曾对自己是否有能力写出关于莱布尼茨的博士论文颇为怀疑，因而对是否考博着实犹豫了一番。自从下决心读博以来，虽然一直在思考这方面的问题，也看了一些近现代哲学家的著作，由于自身能力有限，一直觉得很难找到一个很好的切入点。去年五、六月份我写出了一份提纲，大意是莱布尼茨的单子论不仅仅是建立在逻辑和自然科学之上的，而更是其生命体验的结晶，并试图以此来解释他的包括逻辑学、伦理学在内的整个哲学。导师段德智教授认为思路还可以，但挖掘的深度很不够，他要求我用现代哲学、特别是现象学的思想来阐发莱布尼茨的微言大义。虽然胡塞尔、海德格尔有关莱布尼茨的论述我以前也曾看过，并作了不少笔记，但当时对段老师的提议我还是感到难以接受：首先，莱布尼茨毕竟是近代哲学家，怎么可能用现象学去解释呢？其次，用现象学去解释莱布尼茨究竟该如何操作，这对我来说是全新的事物，感到无从着手。在段老师的不断鼓励和推动之下，通过对有关文本的反复阅读和苦思冥想，我硬着头皮进入了所谓的"解释学情境"之中，终于摸索出一条自认为基本上还行得通的思路。可以说没有段老师的大力推动，本文绝对不会是现在这个样子。至于论文究竟做得如何自有专家来评价，我本人觉得在思考、写作论文的艰难过程中确实学到了不少东西。当然我也深知本文仅仅是个开始，需要改进的地方还有很多。

　　段老师对论文的初稿、二稿进行了逐字逐句的推敲，修改和指出了不少错误，对此我深表感谢。邓晓芒老师对本文的提纲提出了不少重要的修改意见，对我有很大启发，在开题报告时张传有老师、雷红霞老师、何卫平老师等都提出了很有价值的建议，在此我一并致以诚挚的谢意。杨祖陶先生、赵林老师、曾小平老师等虽因故未能参加我的开题报告，他们平时对我的关心和帮助也是我要衷心感谢的。此外还要特别感谢德国柏林工业大学的两位莱布尼茨专家——Hans Poser 教授和李文潮博士对我的关心和帮助。

2001 年 4 月 21 日

二

本书是在笔者博士论文的基础上略加修改而成。现在看来该博士论文有着较浓厚的"解释学"意味，与莱布尼茨本人的哲学思想难免有所发挥和偏离，因为它主要是从胡塞尔、海德格尔等现象学家的相关论述出发，对莱布尼茨哲学的一个再解释。

自从笔者博士毕业在武汉大学哲学系任教以来，对"莱布尼茨与现象学"这一艰深的课题多少有些回避，而更注重的是在西方从古代到近代的文化大转变的背景下，从宗教、科学与哲学的互动中寻求莱氏哲学的"真义"，进而考察莱布尼茨对中国文化的解释及其意义。但考虑到现象学仍为当今的显学，我博士论文对于人们理解现象学与近代哲学的关系不无裨益，而从现象学来解释莱氏哲学，对于人们了解莱氏思想的复杂性和张力仍具有启发作用，故将它予以出版。

附录中的"莱布尼茨《单子论》翻译和解释"源于我2007年上学期给比较哲学国际班的同学们讲解《单子论》的尝试。出乎自己意料的是，我居然能够把晦涩难解的《单子论》首尾一贯、逻辑清晰地讲解下来，而在以前我一直认为这几乎是不可能的。这一方面当然是自己的进步，但更重要的是这几年接触到了不少当代西方的优秀的研究著作的结果。欣喜之余，把自己的讲义整理出来，顺便把《单子论》重新翻译，作为本书的附录。另外，莱布尼茨《关于自然与神恩的基于理性的原则》写作于《单子论》同一时期，对于理解《单子论》很有帮助，故把这篇文章也一并翻译，以期让读者们对莱布尼茨庞杂的哲学思想有个较好的入门之径。

本以为不会再去碰"莱布尼茨与现象学"这一吃力而不讨好的"坚果"了，不料自2008年6月到美国德州贝勒大学从事博士后研究以来，接触到美国学界的大量的莱布尼茨研究成果，颇感振奋。由于种种机缘，自己的哲学思想也慢慢起了变化，重新感受到先验唯心论的魅力所在。因而觉得莱布尼茨单子论与现象学尤其是胡塞尔后期的先验现象学确实值得花大力气研究。当然，这方面的新的想法来不及纳入眼前的这本小书，只有待来日慢慢澄清了。正如莱布尼茨所说，每个单子都是一个追求更清晰的知觉的永恒的过程。

桑靖宇

2009 年 1 月 15 日